U0679990

初中化学实验
探究及教学指导

薛永清　著

中国原子能出版社

图书在版编目（CIP）数据

初中化学实验探究及教学指导 / 薛永清著. --北京：
中国原子能出版社，2020.10
ISBN 978-7-5221-1030-1

Ⅰ．①初…　Ⅱ．①薛…　Ⅲ．①化学实验－教学研究－
初中　Ⅳ．①G633.82

中国版本图书馆 CIP 数据核字（2020）第 205431 号

内 容 简 介

本书结合目前初中化学教育教学实际和教师专业发展需求，主要阐述了实验教学的相关理论、教学模式和评价方法，提升初中化学教师的实验教学理论素养；并重点介绍了初中化学的典型实验，配以典型教学案例；最后介绍了中学化学实验教学中的新技术、实验改进与创新的方法案例。本书内容包括：初中化学教学实验概述、初中化学实验教学的设计与实施、初中化学实验探究的教学评价、化学实验基本操作、气体的制取与净化、物质的检验、物质的分离与提纯和初中化学实验的创新与应用。本书内容丰富、条理清楚，力求系统完整、简明实用，是一本值得学习研究的著作。

初中化学实验探究及教学指导

出版发行　中国原子能出版社（北京市海淀区阜成路 43 号　100048）
责任编辑　张　琳
责任校对　冯莲凤
印　　刷　三河市铭浩彩色印装有限公司
经　　销　全国新华书店
开　　本　787mm×1092mm　1/16
印　　张　12.625
字　　数　226 千字
版　　次　2021 年 6 月第 1 版　2021 年 6 月第 1 次印刷
书　　号　ISBN 978-7-5221-1030-1　　定　价　60.00 元

网址：http://www.aep.com.cn　　E-mail：atomep123@126.com
发行电话：010－68452845　　　　版权所有　侵权必究

前　言

　　化学实验不仅是化学学科发展的重要基础,而且是化学教育特别是基础化学教育的核心内容和基本方式。作为一名化学教师,不仅要会做化学实验,更要会教化学实验并会用实验教化学;不仅自己要能研究实验,更要引导学生学会如何用实验探究化学。初中化学是基础教育中化学教学的启蒙阶段,需要通过演示实验、学生实验和家庭小实验等帮助学生获得生动丰富的事实性知识和正面积极的情感体验,以便顺利进入化学科学的殿堂。然而,虽然课程标准和教材对实验都有明确的要求,但囿于实验教学理论知识和实际教学经验的缺乏、实验条件的不足或重视程度的不够,初中化学实验教学的现状不容乐观,亟待加强。

　　基于上述思考,再结合目前初中化学教育教学实际和教师专业发展需求,作者撰写了《初中化学实验探究及教学指导》一书。全书共分为8章,第1章初中化学实验教学概述,主要对化学实验教育教学功能和初中化学实验教学中的实验及教学的基本模式进行概述,使得初中化学教师对初中化学实验教学有一个整体认识。第2章和第3章主要介绍实验教学的相关理论、教学设计和评价方法,提升初中化学教师的实验教学理论素养,能够更好地发挥化学实验的教育教学功能。第4章至第7章对教材设计的典型实验进行讨论,并配以典型教学案例,方便初中化学教师在教育教学中参考使用。第8章初中化学实验的创新与应用,主要介绍了化学教学实验改进与创新的方法和新型实验技术在化学实验教学中的应用(包括传感器技术和微型化技术),以期起到抛砖引玉作用,吸引更多的教师投身于实验教学研究中来,不断提升自身的实验研究专业素养。

　　为了加强化学实验教学,促进化学教学改革,帮助教师解决实验教学中遇到的种种疑难,本书介绍了较多的实验技巧,指导教师做好化学实验,提高做化学实验的成功率,充分发挥实验在化学教学中的重要作用。同时,本书还对初中化学课本上的部分实验作了分析,指出成败关键,提出改进意见,还介绍了一些实验的简易做法和部分自制仪器、药品。

　　本书针对初三化学实验教学实践中遇到的一些困惑,研究初中化学实验创新设计、课堂实验教学的策略,从理论到实践,在实践中不断提炼,形成研究特色,提炼可循的规律,在教的方式上转变思想,培养学生教学性学习方式,研究如何改进初中化学实验教学、进而提高课堂成效,落实立德树人,构建优质的初中化学课堂教学空间。

　　本书的撰写凝聚了作者的智慧、经验和心血,在撰写过程中参考并引用了大量的书籍、专著和文献,在此向这些专家、编辑及文献原作者表示衷心的感谢。由于作者水平所限以及时间仓促,书中难免存在一些不足和疏漏之处,敬请广大读者和专家给予批评指正。

作　者
2020 年 8 月

目　　录

第1章 初中化学实验教学概述

化学是一门以实验为基础的自然科学,化学实验促进了化学学科的形成和发展。化学实验不仅是化学学科发展的重要基础,而且是化学教育特别是基础化学教育的核心内容和基本方式。作为一名化学教师,不仅要会做化学实验,更要会教化学实验并会用实验教化学;不仅自己要能研究实验,更要引导学生学会如何用实验探究化学。

1.1　科学探究与化学教学

新的化学课程标准要求的化学教学不再是传统的传授基础知识和基本技能的教学(即"双基教学"),而是学生主动建构知识、体验探究过程、培养科学价值观的过程。在教学过程中,倡导学生主动参与活动,变学生的"被动授受式"学习为"主动探究式"学习;不失时机地培养学生化学学科的思维方法和科学素养,使学生能够从化学的视角去分析和解决问题,为学生学习相关学科课程及未来生活打下基础;培养学生的科学探究能力,转变学生的学习方式;认识化学对生活、社会发展和科技进步的重要作用,形成科学的人文素养。

1.1.1　科学探究在化学科学发展中的作用

化学有两个重要的特点:一是以实验为基础,二是在生产和生活实际中具有广泛的应用。化学的这两个特点使科学探究在化学发展过程中能够发挥十分重要的作用。

我国人民很早就有了探索化学的活动。古代中国人的炼金、炼丹,以及火药的发明,新中国科学家在科学上夺得了两次"世界冠军"——牛胰岛素和核糖核酸的成功合成等,无不是在一次次的探究活动中完成的。

翻开化学科学发展的历史,我们能十分清楚地看到,任何化学概念、理论和原理的形成与发展,任何化学发现或发明在生产和生活中的应用,都离不开科学探究。例如,为了寻求各种元素及其化合物的内在联系和规律,历史上许多人进行了各种尝试,直到 1869 年,门捷列夫的第一张元素周期表问世,历时百余年才得以发现这一规律。1869 年以后,又经历了半个多世纪,在现代原子结构理论的基础上,周期表才得以崭新的面目出现在世人面前,即现在我们仍在使用的元素周期表。时至今日,世界各国还有众多的科学家对它进行更深入的探索和推测,预言这张表未来的前景。

纵观近现代化学发展史,新元素、新物质的发现,新学说、新理论的创立,无不与化学家们敢于开拓新的思路、进行创造性的探索实验密切相关。许多伟大的化学家,他们在科学探索过程的道路上勇往直前、不怕牺牲、勇于献身的精神以及探究化学规律的思维方式给我们留下了宝贵的财富。

化学发展历史上的每一个发现和发明,都是化学家们经过深入的科学探究而产生的。科学家们敢于质疑并最终取得科学研究的成功的史实,表明了科学探究在化学发展中的重要地位和作用。

1.1.2　科学探究在初中生学习化学中的作用

学生开始接触化学时,化学世界那变幻莫测的奥秘会深深地吸引他们,他们对化学的兴趣也会在日后不断地学习中逐渐升华。此时,老师要引导他们把所学的化学知识与身边的生活、环境、社会等紧密结合,促使他们到生活中去发现问题,引发知识与实际的"矛盾",从而引导学生进行探究性学习,这对于学生进行化学学习是非常重要的。

1.1.2.1　科学探究能保持和发展学生的求知欲望

科学探究是保持和发展学生求知欲望的有效途径。美国教育家哈·曼说:"那些不设法勾起学生求知欲望的教学,正如同锤打着一块冰冷的生铁。"在教学中,教师创设贴近学生生活的、具有启发性的、有趣的问题情境,由学生或教师提出问题,可以激发学生的求知欲望,推动学生主动探究,寻求解决问题的方法。一个人如果对某种事物有了强烈的求知欲望,他就会产生一种内在的动力,自行地探索和研究它,直到从中获取知识,应用知识,从而感受成功的喜悦。学生的求知欲望强烈,学习兴趣就浓厚,但求知欲的产生需要教师的引导,教师在讲课时,要根据所讲授的内容和学生听课的情况,适时提出问题,形成悬念,激起学生的好奇心。

"淀粉的踪迹"教学片断

教师:同学们,你们喜欢看魔术表演吗?

学生:(惊喜地)喜欢!

教师:(出示一块用淀粉写字的纸板和一块没有用淀粉写字的纸板)请观察,这两块纸板上写了字吗?

学生:(仔细观察)没写字。

教师:我只要用这个喷壶一喷,纸板上就会出现字了,你们相信吗?

学生甲(摇头)不信!

学生乙(惊讶地)信!

教师:出现了两种看法,哪种正确呢? 还是看老师的表演吧!(教师用喷壶分别喷两块纸板)

学生:一块有字。

学生:这块怎么没有字?

学生:老师,能在没有字的纸板上再喷一下吗?

学生:有的字很蓝,有的字不那么蓝

教师:你能解释老师表演的魔术是怎么回事吗?

学生:有字的一块是你提前用淀粉写了字,遇到你喷的碘酒,就变蓝了。另一块你没用淀粉写字。

学生:这个魔术我也会做。

教师(高兴地)怎么做,讲给大家听听。

学生:(十分自信地)先用淀粉在纸上写几个字,待干后就看不见了。再用碘酒一喷,字就出来,变成了蓝色。

这位教师从学生所喜欢的魔术表演入手,进行了精心的设计,把电视上才能看得见的魔术表演带入课堂,做到一上课就紧紧抓住学生的注意力,激起学生的探究兴趣,使学生很快进入"最佳学习状态",从而调动了他们的求知欲望,使学生高兴、自然地"卷入"到科学探究中去。

1.1.2.2　科学探究能培养学生的创新意识和创新能力

科学探究能促进学生综合能力和综合素质的提高,以及个性和特长的发展。科学探究要求学生在探究过程中不拘泥于书本,不迷信权威,不墨守成规。学生在科学探究活动中能在老师给予的适时适度的指导和帮助下,充分发挥自己的主观能动性,独立思考,大胆探索,标新立异,积极提出自己的新观点、新思路和新方法。

"氧气和二氧化碳气体鉴别"的实验探究

探究问题:现有两瓶气体,其中一瓶是氧气,另一瓶是二氧化碳,如何鉴别它们?

学生提出的探究方案:

(1)在两个盛有气体的瓶中分别放一只害虫,比较它们存活的时间;

(2)在两个盛有气体的瓶中分别点燃一支蜡烛,比较它们燃烧的时间;

(3)在两个盛有气体的瓶中分别加入适量的澄清石灰水,比较其混浊的程度;

(4)用带余烬的木条检验;

(5)在两个盛有气体的瓶中分别加入适量水,用紫色石蕊试液检验;

(6)称量两瓶气体的质量;

(7)在两个盛有气体的瓶中分别加入适量水,比较气体在水中溶解的量;

(8)在两个盛有气体的瓶中分别放一株植物,比较它们在光照下的生长情况;

......

从"氧气和二氧化碳的鉴别"的探究案例中可以发现,虽然学生提出的氧气和二氧化碳的鉴别方案中有些方案操作难度较大,有些方案还不严密,但我们同样可以看出,学生在探究活动中敢于提出自己的想法,创新意识得到了培养。

1.1.2.3 科学探究能培养学生的问题意识和解决问题的能力

问题意识即一种怀疑精神,一种探索意识,它是创造的起点,没有问题意识就没有创造性。科学探究从一开始就把目标指向学生问题意识的培养上。在探究过程中,学生通过发现问题、提出问题、作出解决问题的设想、收集资料、分析资料、形成假设和验证结论等培养问题意识,掌握基本的科学方法,并学会在一个开放环境中如何收集、加工和处理信息。当然,主动收集、加工、处理信息的过程也就是学生激活已有的知识,学习和运用科学研究方法,发现和解决问题的过程。

第三位小数的胜利

英国剑桥大学的瑞利在研制纯氮的过程中,惊奇地发现从含氮的物质里得到的氮气(1.250 8 g/L)比空气中的氮气(1.257 2 g/L)轻 0.006 4 g,在一般人看来,这只不过是个微不足道的差异罢了。而一丝不苟的瑞利没有轻易放过它,为了彻底弄清这个问题,他经过多个不眠之夜,反复地做实验,结果从含氮的物质里得到的氮气还是比从空气中得到的氮气轻。

这究竟是什么原因呢? 瑞利带着这个问题,翻阅了英国皇家学会有关空气的大量资料,从浩如烟海的各种年报中,他发现著名化学家开文迪许的一篇论文很有价值,这篇论文的末尾有这样一个结论:空气里的氮气不是纯的。开文迪许在 100 年前写的论文使瑞利顿开茅塞。他重新做了开文迪许的实验,终于发现了新元素——氩。氩这种新气体非常古怪——"懒惰"而"孤独",几乎不与任何元素相互化合。氩的发现,震惊了当时的科学界,瑞利因此获得了 1904 年的诺贝尔奖。

瑞利为什么能取得胜利? 因为他很严谨,抓住 1.250 8 与 1.257 2 这两个小数据的差异不放,不弄明白决不罢休,才从小数点后边第三位数字中找到了氩气。人们把氩气的发现称之为"第三位小数的胜利。"

在科学家瑞利的身上,我们发现敢于怀疑、刻苦钻研是科学探究的必要条件,也是走向成功的关键。因此,培养学生的科学探究能力需要学生主动发现和提出有意义的问题,倡导勇于质疑、勤于思考的精神。

1.1.2.4　科学探究能引导学生转变学习方式

传统教学重视学科经典内容的讲授. 忽视学生的学习方法和人生态度的培养,忽视学生的实践和经验。在教学过程中,基本上以教师、课堂、书本为中心,基本采用单一传统的讲授、灌输方式,忽视交流、合作、主动参与、探究等学习方式。学生更多的是被动地接受"是什么"的知识,对"为什么"和"怎么办"的知识知之甚少。

实施以创新精神和实践能力为重点的素质教育,重要的着眼点是改变学生的学习方式,当今时代的化学教学,强调要开发和提高学生的化学学习力,而不是单独的传授知识,在指导学生掌握基础知识和基本技能的同时,培养学生主动学习、积极探究的意识和能力,将学生培养成为个性鲜明的人,而不是单纯地贮存知识、消极地接受信息的"容器"。"猜想""探究"已经成为学生进行新课程学习,尤其是理科学习必须具备的一种学习方式。

1.2　化学实验的多重教学功能

1.2.1　化学实验的认识论功能

化学实验是化学教学认识的基础,无论从实践(实践探究活动)与认识,还是从感性认识(化学实验事实)与理性认识(化学概念与理论)的关系来看,化学实验对化学教学认识都有着不可替代的作用。

化学实验的认识论功能主要体现在:

①化学实验是提出化学认识问题的重要途径之一。

②化学实验能够为学生认识化学知识提供化学实验事实。

③化学实验能为学生检验化学理论、验证化学假说提供化学实验事实。

1.2.2　化学实验的方法论功能

化学实验不仅是认识化学知识的重要方法,而且是学习科学方法和掌握科学探究技能的重要途径。

所谓科学方法是人们在认识和改革客观世界的实践活动中总结出来的正确的思维方法和行为方式。在化学实验过程中经常运用的科学方法有:

①收集、选择、整理信息资料。

②分析、设计研究方案,进行实验操作。

③观察、测量、记录、处理实验数据。

④分析、表达实验结果。

⑤对结果进行评价和判断等方法。如化学中判别微粒形态的离子检出法、分离物质的提纯方法、探究元素组成与结构关系的物质结构测定法等。

在化学实验中这些方法对于分析、鉴别事物的组成关系、整体与部分的关系,以及定性与定量的关系起着直接作用;同时也对培养学生运用实验分析解决实际问题的能力有着重要的价值。

1.2.3　化学实验的教学论功能

化学实验作为化学教学的主要内容和主要方法,具有重要的教学论功能,而这些功能也只有在化学教学活动中才能得到更好的体现。

(1)化学实验能激发学生的化学学习兴趣。

兴趣是主动学习的前提,化学实验能生动、直观地展示化学现象,以特殊的魅力引起学生的好奇心和求知欲。化学实验的这种激趣功能在传统的化学教学中,对学生学习化学知识起到了积极的作用。在新课程理念下,这种激趣功能应由激发学生积极接受学习转变为主动地探索学习、由学会知识到会学知识和求异创新。

(2)创设生动活泼的化学教学情景。

知识具有情景性。情景是指能够激发起人们情感的景物。所谓化学教学情景就是指在化学教学中能够激发起学生学习积极性的各种景物。创设化学教学情景的手段有很多,如化学实验、化学问题、小故事、科学史实、新闻报道、实物、图片、影像资料等,化学实验是其中最常用的一种形式。

(3)化学实验是落实"情感、态度与价值观"目标的重要途径。

课程标准要求通过化学课程的学习,使学生体验科学探究过程,强化科学探究意识,在整个学习过程中达到人文精神与科学精神的整合,体现教育育人的本质。以实验为基础的化学教学要使学生获得科学探究的体验,必须创造条件,让学生亲自动手做实验,通过实验探究的过程培养学生的科学品质、批判意识、创新意识,促进学生的发展,充分发挥实验的育人功能。

1.3　初中化学课程中的实验

2011年全日制义务教育化学课程标准(修订稿)以"科学探究""身边的化学物质""物质构成的奥秘""物质的化学变化"和"化学与社会发展"等5个主题框架,对初中学生要学习的化学实验技能和要经历的具体实验活动进行如下规定。

1.3.1　初中化学实验技能

课程标准规定,学生具备基本的化学实验技能是学习化学和进行探究活动的基础和保证。化学实验应高度关注安全问题,避免污染环境,要求学生遵守化学实验室的规则,初步形成良好的实验工作习惯。初中学生的化学实验技能应达到如下要求:

①能进行药品的取用、简单仪器的使用和连接、加热等基本的实验操作。

②能在教师指导下根据实验需要选择实验药品和仪器,并能安全操作。

③初步学会配制一定溶质质量分数的溶液。

④初步学会用酸、碱指示剂或pH试纸检测溶液的酸碱性。

⑤初步学会根据某些性质检验和区分一些常见的物质。

⑥初步学会使用过滤、蒸发的方法对混合物进行分离。

⑦初步学会运用简单的装置和方法制取某些气体。

包括以下基本类型：

①实验基本操作技能：主要有"药品的取用""简单仪器的使用和连接""加热"等。

②仪器和药品的选择和使用技能，即要求学生能够根据具体的实验目的，选择实验仪器和药品。

③单元实验操作技能。课程标准明确提出了 4 种单元实验操作技能（也称实验操作综合运用技能），主要有："配制一定溶质质量分数的溶液""检验和区分一些常见的物质""使用过滤、蒸发的方法对混合物进行分离""运用简单的装置和方法制取某些气体"。

1.3.2　初中化学实验的活动内容

义务教育课程标准围绕"身边的化学物质""物质构成的奥秘""物质的化学变化"和"化学与社会发展"等一级内容主题，以及"地球周围的空气"等 12 个二级内容主题，总共提供了 34 个化学实验或化学实验系列。具体见表 1-1。

表 1-1　初中化学课程标准中的化学实验活动和内容

编号	内容主题	活动及探究建议
1	地球周围的空气	实验探究空气中氧气的体积分数
2		实验探究氧气和二氧化碳的性质
3		小组协作设计并完成实验：探究空气中二氧化碳相对含量的变化
4	水与常见的溶液	根据实验现象推断水的组成
5		试验活性炭与明矾的净水作用
6		观察在水中加入少量盐后凝固点和沸点的变化
7		依据给定的数据绘制溶解度曲线
8		探究氯化钠、硝酸钠、氢氧化钠三种物质在水中溶解时的温度变化
9		用简单方法将衣料上沾有的油污等洗去
10		配制某种无土栽培所需的无机盐营养液

续表

编号	内容主题	活动及探究建议
11	金属与金属矿物	实验探究金属的物理性质
12		用实验方法将氧化铁中的铁还原出来
13	生活中常见的化合物	试验某些植物花朵汁液在酸性和碱性溶液中的颜色变化
14		使用 pH 试纸测定唾液、食醋、果汁、肥皂水、雨水和土壤溶液等的酸碱性
15		自制汽水
16		当地农村常用化肥的鉴别
17		实验探究酸碱的主要性质
18	化学物质的多样性	加热碘固体,观察发生的现象
19		分离氯化钠固体和铁粉组成的混合物
20	微粒构成物质	通过实验比较空气和水压缩时的体积变化情况
21		观察并解释浓氨水与浓盐酸接近时的"空中生烟"现象
22	化学变化的基本特征	设计实验推断孔雀石(或碱式碳酸铜)分解的产物
23		观察硫酸铜溶液(或二氧化锰)对过氧化氢分解反应快慢的影响
24		观察铜锌原电池实验
25	认识几种化学反应	用实验证明:铁粉与硫粉混合加热生成了新物质
26		观察并记录实验现象:氯化铜溶液用石墨电极通电分解;在加热条件下氢气与氧化铜反应
27		通过实验探究酸溶液、盐溶液分别与金属发生置换反应的规律
28		小组协作完成当地土壤酸碱性测定的实验,提出土壤改良的建议或适宜的种植方案
29	质量守恒定律	实验探究化学反应中的质量关系
30	化学与能源和资源的利用	观察某些燃料完全燃烧和不完全燃烧的现象
31		燃烧条件的实验探究
32		比较原油常见成分的某些物理性质及其燃烧情况

续表

编号	内容主题	活动及探究建议
33	常见的化学合成材料	用简单的实验方法区分棉纤维、羊毛纤维和合成纤维（如腈纶）织成的布料
34	保护好我们的环境	设计实验探究农药、化肥对农作物或水生生物生长的影响

课程标准特别规定:学生学习和运用化学实验技能和科学探究方法,离不开实验活动。教师应结合具体的教学内容,积极创造条件,通过多种途径,安排和组织学生至少完成如下化学实验活动:

①粗盐的提纯实验。

②氧气的实验室制取与性质实验。

③二氧化碳的实验室制取与性质实验。

④金属的物理性质和某些化学性质的探究实验。

⑤钢铁锈蚀条件的探究实验。

⑥一定质量分数的氯化钠水溶液的配制实验。

⑦酸、碱的主要化学性质的探究实验。

⑧溶液酸碱性的检验实验。

⑨常见氮肥的检验实验。

1.4　初中化学实验教学的基本模式

所谓中学化学实验教学是指运用中学化学教学实验(通常简称"化学实验")而开展的一系列学与教的活动。所谓教学模式则是沟通教学理论和教学实践的桥梁,是教学理论的具体体现,也是教学实践的概括和总结。教学模式的选择对教学效果将会有直接影响,新的化学实验教学模式对推进化学实验教学改革有着重要的意义。因此要想研究中学化学实验教学基本模式,必须首先明确化学教学实验都有哪些具体的存在形式,然后根据不同形式的化学教学实验特点和功能,来探讨与之适应的化学实验教学模式。

1.4.1 中学化学教学实验分类

1.4.1.1 基于实验主体的分类

按照完成化学实验的主体来划分,可以将中学化学教学实验分为演示实验和学生实验。演示实验一般是指由教师在化学课堂上所完成的实验,这也是中学化学教学实验最常见的一种形式。学生实验是指学生在教师指导下所完成的实验,这种形式的中学化学教学实验由于要求学生独立完成,因而对学生实验素养的发展具有非常大的作用。

按照完成实验的场所来划分,学生实验通常还可以分成在化学课堂上进行的实验和在化学实验室里完成的实验。前者称为"随堂实验",后者称为"实验室实验"。虽然它们都是学生实验,但二者却有着较大的不同。除了完成实验的场所不同以外,从时间上来看,随堂实验只占整堂化学课的少部分时间,而实验室实验占整堂化学课的大部分时间,甚至全部时间。从整堂课的教学目的看,随堂实验的目的通常是为整堂课的化学教学目的服务的,它本身不具有独立性;而实验室实验的目的具有独立性,它本身也是整堂课的化学教学目的。

演示实验、随堂实验和实验室实验是中学化学实验最为常见、最为重要的3种存在形式。

1.4.1.2 基于实验内容的分类

中学化学教学实验,从内容来看,至少应有2个认识视角:一是化学实验视角,这好似从化学学科的角度来认识实验内容;二是中学教学视角,这是从中学化学学科教学的角度来认识实验内容。

(1)基于化学学科视角的实验内容分类。

①物质制备(或合成)实验。例如,"氧气的制备"。

②物质的分离与提纯实验。例如,"粗盐的提纯"。

③物质的表征(检验、鉴别与鉴定)实验。例如,"常见离子的检验"。

④物质性质及其变化规律的探究实验。例如,"酸、碱、盐的性质"。

(2)基于中学教学视角的实验内容分类。

中学化学教学实验从属性上来看,主要有两类,一类是属于学科本体性方面的,可以称为化学知识与技能实验,如"酸、碱、盐化学性质的探究"等;另一类属于学科应用性方面的,可称为STS问题解决实验,如"常见化肥成分的检验"。如图1-1所示。

```
                                                      ┌── 学习元素化学知识实验
                                      ┌── 学习化学知识实验 ┤
                                      │               └── 学习理论化学知识实验
                  ┌── 学习化学知识与技能实验 ┤
                  │                   │               ┌── 基本操作技能实验
          中教                         └── 学习实验技能实验 ┤── 仪器与试剂选择技能实验
          学学 ┤                                        └── 综合运用技能实验
          化实
          学验 │
                  └── STS问题解决实验
```

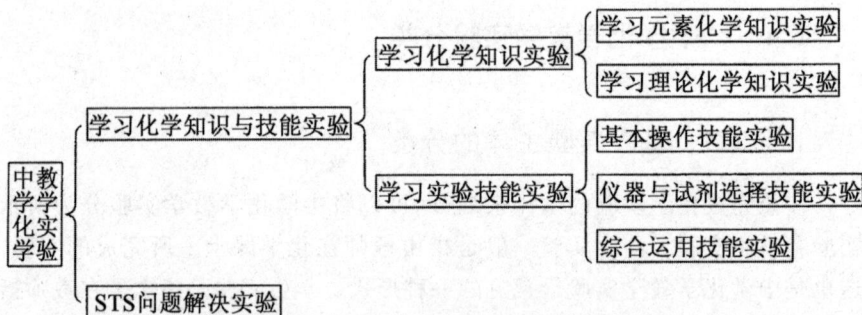

图 1-1　基于中学教学视角的实验内容分类

（3）基于实验活动方式的分类。

在中学化学教学中，化学教学实验有不同的活动方式，常见的活动方式主要有验证性实验和探究性实验两种。

验证性实验是指用来证实、检验所学化学知识的一类实验。这类实验通常是在学习完某一化学知识后进行的，其价值主要在于证实某些化学事实、物质的某些化学性质、某些化学变化规律和得出的结论，当然，其对于学生巩固已学的化学知识、实验技能和科学方法也具有积极的作用。

探究性实验又称为"启发性实验"，它是指用来提供形成化学概念和认识化学规律性所必需的实验事实的这一类实验。学生依据这些实验事实，通过比较、分类、归纳和概括等思维过程来得出结论（化学概念或化学规律性）。验证性实验，结论在前，实验在后；而探究性实验，实验在前，结论在后。因此，探究性实验对于学生实验素养的全面发展具有很重要的作用。

（4）确定中学化学教学实验的三要素。

任何一个具体的中学化学教学实验，都离不开"主体""内容"和"方式"。只有确定了"主体""内容"和"方式"，才能确定一个中学化学教学实验。对于特定的中学化学教学实验内容来说，选择适当的实验主体和实验活动方式是进行化学实验教学实验设计最基本和最重要的两项工作。

在确定化学教学实验的三要素中，"内容"是核心要素，"主体"和"方式"是辅助性要素。实验主体和实验活动方式的选择，需要适合所教学生的实验素养发展水平，需要考虑所在学校化学实验教学资源的实际，需要同"内容"要素相匹配。表 1-2 提供了"主体""内容"和"方式"的匹配关系，教师可根据此来确定一个具体中学化学教学实验。

表 1-2　不同种类的中学化学教学实验之间的匹配关系

中学化学教学实验	学习化学知识与技能实验	学习化学知识实验	学习元素化学知识实验	演示实验 随堂实验 实验室实验	验证性实验 探究性实验
			学习理论化学知识实验	演示实验 随堂实验 实验室实验	验证性实验 探究性实验
		学习实验技能实验	基本操作技能实验	实验室实验	验证性实验
			仪器与试剂选择技能实验	实验室实验	验证性实验 探究性实验
			综合运用技能实验	实验室实验	验证性实验 探究性实验
	STS 问题解决实验			演示实验 随堂实验 实验室实验	验证性实验 探究性实验

1.4.2　中学化学教学实验主要模式

目前,在教学实践中比较常用的有演示讲授模式、实验归纳模式、实验演绎模式和实验探究模式等。

1.4.2.1　演示讲授模式

演示讲授模式是一种经典的、较为传统的实验教学模式。它的特点是将化学演示实验与教师讲解、评述有机结合起来,以达到预期的教学目的,是中学化学实验教学中最为广泛应用的一种教学模式。它的教学程序大体如图 1-2 所示。

A 指教师示范操作,用简洁的提示,引导学生观察、思考;B 指教师的启发讲解,师生交流;C 是指提供新事实、新情境,让学生联系运用获得的结论;D 教师(或学生)结合实际的评价、调整。

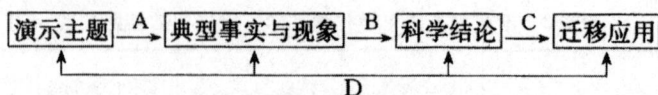

图1-2　演示讲授模式教学程序

运用这种模式的关键是要使演示与讲授密切配合,防止演示离开教师的启发引导,形成"哑巴实验",或教师讲解超前,过多过细,干扰学生专注的观察和结合事实现象的思考。在教学过程中,教师更要注意学生学习积极性、主动性的发挥。

1.4.2.2　实验归纳模式

实验归纳模式是将学生的实验活动与教师的引导提示相结合,通过归纳整理的方法,使学生认识化学概念和化学理论的一种实验教学模式。在化学教学中,边讲边实验应该属于这种模式,它的教学程序大体如图 1-3 所示。

图1-3　实验归纳模式教学程序

A 是指学生做简易型实验、观察、识记;B 是指学生(在教师指导下)进行归纳概括;C 是指结合教学要求的练习运用;D 是指教学反馈。

实验归纳教学模式初显了探究性教学的功能。学生能够亲自动手完成实验操作,对实验现象的观察更加细腻、精准,学生的实验操作技能得到了训练。因受多种因素制约,利用这种模式开展的教学活动还不够普遍,微型实验的引入在一定程度上有可能改变这种局面。

1.4.2.3　实验演绎模式

实验演绎模式是在学生已有化学知识的基础上,通过新的实验用演绎的方法深化、拓展相关知识。如学生学习了金属活动性顺序,知道排在前面的金属可以把排在后面的金属从它的盐溶液中置换出来。但把金属钠放入硫酸铜溶液中,却得不到金属铜,而产生氢氧化铜沉淀。学生通过实验,推理得出结论,这就是实验演绎模式的教学示例。它的教学程序大体如图 1-4 所示。

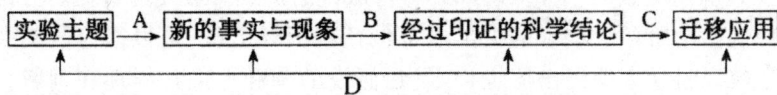

图 1-4　实验演绎模式教学程序

A 是指学生做实验、观察、识记；B 是指学生(在教师指导下)进行演绎推理；C 是指结合教学实际进行练习运用；D 是指教学反馈。

实验演绎模式不仅对学生巩固、深化、拓展所学知识有很大作用，而且有利于学生思维能力的发展和提高。

1.4.2.4　实验探究模式

实验不仅是一种验证性的实践活动，而且更重要的是一种探究性的实践活动。在《化学课程标准》中，实验探究被作为化学实验教学的新目标和方式，实验探究模式称为当前中学实验教学的重要模式。

科学研究的过程实际上就是以科学实验为基础的探究过程。中学化学教学中的实验探究，学生是处于主体的地位，只有学生积极主动地投身到研究活动中，才能充分发挥探究教学的功能。在实验探究教学中，教师的作用同样不能忽视，由于学生自身的特点，他们不可能完全独立地完成所涉及的所有实验探究内容，探究活动在一定程度上还需要教师有目的、有计划的引领，以便减少实验探究的盲目性，提高实验探究活动效率。

实验探究模式大体分为模式Ⅰ(图 1-5)和模式Ⅱ(图 1-6)两种。

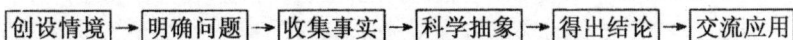

图 1-5　模式Ⅰ

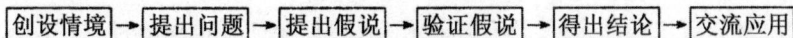

图 1-6　模式Ⅱ

模式Ⅰ中的科学抽象是指在人的思维中，排除认识对象的非本质属性，而抽取其中共同的、本质的属性的一种方法。科学抽象的进行，需要运用比较、分类、归纳和概括等逻辑方法。因此教学中应尽可能多的选用具体事例作为探究对象，以便进行更充分的分析、比较、归纳和概括，使得出的结论令人信服。很多元素化合物知识、化学概念、定律、原理等都可以通过此模式来获得。

模式Ⅱ中的假说是指根据已知的实验事实和科学理论，对未知的自然现象及其规律所做的一种推理和解释。假说的形成一般要经过提出假说和验证假说两个阶段。假说的提出通常包括两个环节：一是根据为数不多的实验事实和科学理论提出假说；二是在假设的基础上进行推理和判断。假说的验证包括实验验证和理论验证，其中实验检验是最直接、最可靠、最有力的方式。学生是否有明确的问题以及对问题的预期和假设是探究性活动与验证性活动的一个重要区别。

例如，质量守恒定律

【创设情境】

通过前面的学习，同学们能不能回忆一下学过哪些化学变化？

【提出问题】

从物质种类的角度分析，化学反应的特点是什么？（有新物质生成）

在化学反应中，反应前后各物质的质量之间到底有一种什么样的关系呢？

【提出假设】

①反应后各物质的质量总和大于反应前各物质的质量总和。

②反应后各物质的质量总和小于反应前各物质的质量总和。

③反应前、后各物质的质量总和相等。

【实验验证】

实验1　镁带燃烧前后的质量变化。

实验2　氯酸钾与二氧化锰混合共热前后的质量变化。

实验3　硫酸铜溶液与氢氧化钠溶液反应前后的质量变化。

【得出结论】

参加反应的各物质的质量总和等于反应后生成的各物质的质量总和，这个规律叫作质量守恒定律。适用范围：一切化学反应。

【交流与应用】电解水示意图

质量守恒定律的实质：在化学变化前后，原子的种类和数目不变。

第 2 章　初中化学实验教学的设计与实施

　　在新的课程改革的背景下,探究教学受到前所未有的重视。化学作为一门以实验为基本研究方法和认识手段的基础科学,化学实验既是学生在化学课程中学习的重要内容,也是学生在化学学习中进行科学探究的重要方式。因此,化学实验对学生的科学素养的全面提升有着不可替代的作用。

　　初中是学生认识和学习化学的启蒙阶段,这一阶段的学生对化学实验充满着好奇,有着浓厚的探求欲望。作为初中教师,在化学实验探究教学中,应充分运用化学实验的这一特点,使学生通过实验主动积极地获取化学知识,激发学习兴趣,培养动手技能、形成创新意识,使学生得到全面和谐的发展。

2.1　初中化学实验教学的目标和原则

2.1.1　初中化学实验教学的目标

　　中学化学实验教学目标是中学化学实验教学所预期要达到的质量标准、学生的学习水平。它是根据课程标准的要求来制定的。化学实验操作是以一定的化学实验知识为基础的,所以,化学实验教学目标也应将其包括在其中。这样,化学实验教学目标可分为实验知识、操作技能、实验态度、实验能力、实验兴趣等五个方面,并且以学生的学习水平来表示。

2.1.1.1　实验知识教学目标

　　有些实验教学知识如酒精灯的使用、药品的取用等,如果从操作的角度也可看作是操作技能,这里主要是从认知的角度来看,将其作为实验知识(见表 2-1)。

表 2-1   中学化学实验知识及学习水平层次

类别	实验知识项目内容	学习水平层次			
		识记	理解	应用	综合
实验仪器	试管、烧瓶、量筒等常见的化学仪器的名称、用途、洗涤、使用的注意事项	√			
实验药品	液体、固体药品的取用			√	
	药品的研磨、过滤、溶解、稀释			√	
	常见化学试剂的安全存放		√		
实验条件	常见干燥剂的名称和使用范围		√		
	常见加热器具名称及使用方法				√
	常见的冷却方法		√		
气体的发生和收集	固-固加热的气体发生装置	√	√	√	√
	固-液不加热的气体发生装置	√	√	√	√
	气体收集的各种方法	√	√	√	√
物质检验	常见酸根离子的鉴定	√	√	√	
	常见碱的鉴定	√	√	√	
实验安全	烧碱溅液的处理	√	√	√	
	浓硫酸溅液的处理	√	√	√	
	CO 中毒的急救措施	√	√	√	

2.1.1.2   化学实验技能教学目标

中学化学实验技能主要包括实验操作技能、仪器使用技能、应用性实验技能、实验设计技能等四个方面。教学中应该注意技能的形成是一个逐步提高的过程,在不同的教学时段应设置不同层次的阶段目标,最终达到最高水平层次(见表 2-2)。

表 2-2　中学化学实验技能及学习水平层次

类别	实验技能项目内容	学习水平层次			
		模仿	学会	熟练	设计
仪器使用	试管、烧杯、烧瓶、蒸发器、酒精灯、试管夹、铁夹、坩埚钳、普通漏斗、铁架台、三足架、石棉网、量筒、燃烧匙等		√		
基本操作技能	玻璃仪器洗涤,药物取用,组装简单装置,检查气密性,称量,研磨,收集气体(排水或排气),过滤,蒸发,配置一定质量分数的溶液使用酸碱指示剂等			√	
实验条件	托盘天平、燃烧匙、温度计	√			
	酒精喷灯、冷凝管	√			
应用技能	氧气、氢气、二氧化碳的制取和收集实验记录,绘制简单仪器图;依据目的,会选择和组装仪器			√	
实验设计	实验习题、改进实验装置、联系生活实际设计的实验、探究活动设计的实验				√

2.1.1.3　化学实验能力教学目标

中学化学实验能力是指能运用化学实验手段进行分析和解决简单化学问题的能力,这是一种综合性的能力。化学实验能力主要包括发现问题及选择课题的能力,设计实验方案的能力,实验操作能力,观察收集及处理资料数据的能力,分析信息作出结论的推理能力,表述实验现象和结论的能力等方面的能力(见表 2-3)。

表 2-3　中学化学实验能力及学习水平层次

类别	实验能力项目内容	学习水平层次		
		单向应用	综合应用	问题解决
实验意识	能发现问题,并且能够想到或重视通过实验来解决问题	√		
实验设计	分析问题,明确课题		√	
	设计实验方案		√	

续表

类别	实验能力项目内容	学习水平层次		
		单向应用	综合应用	问题解决
实验操作	选择仪器、试剂,配制药品	√		
	组装仪器		√	
	控制实验条件,独立操作		√	
	准确记录实验现象	√		
实验总结	分析实验观象,推理判断得出结论			√
	表述问题解决的结果			√

2.1.1.4 化学实验态度的教学目标

化学实验态度是指学生对化学实验的一种内在倾向,并且通过学生的外显行为表现出来。对学生科学态度的教育,是落实情感态度价值观课程目标的一个重要方面(见表2-4)。

表2-4 中学化学实验态度及学习水平层次

类别	实验态度项目内容	学习水平层次		
		接受(注意)	体验(参与)	形成
科学态度	实事求是的态度			√
	严肃认真的态度			√
科学精神	勇于探究的态度	√		
	不怕挫折的精神		√	

2.1.1.5 化学实验兴趣的教学目标

化学实验兴趣是指学生喜好化学实验的一种自觉意识,是学习的重要动力,在中学实验教学中应该十分重视培养对化学实验的兴趣(见表2-5)。

表2-5 中学化学实验兴趣及学习水平层次

类别	实验兴趣项目内容	学习水平层次	
		反应	形成
直接兴趣	观察兴趣		√
	动手操作兴趣		√

续表

类别	实验兴趣项目内容	学习水平层次	
		反应	形成
间接兴趣（志趣）	探究兴趣	✓	
	创造兴趣	✓	

2.1.2　初中化学实验教学的原则

在新课程背景下的初中化学教学中,初中化学实验探究教学过程的设计和实施应遵循主体性、合作性、量力性、发展性和情景性等原则。

2.1.2.1　主体性原则

长期以来,人们对教师与学生之间以认识论为基础的主客体关系的看法争论不休,但主要受传统哲学尤其是主体哲学的二元对立的思维方式以及文化伦理背景的影响,人们在思想观念中逐渐形成了一种思维定势,即教师受过专门训练,具有一定的业务素质与社会代表性,是知识的权威,是学术的代表,因而在教学过程中也就形成了"以教师为中心"的传统教学模式。

教学应是教师教与学生学两方面统一的活动,是学生在教师的指导或引导下主动地获取知识的一种活动,是一种拥有教学理论素养的教师与学生进行沟通的文化,是现实的交互主体性关系的一种表现。

在化学实验探究教学中,应遵循主体性原则,即要强调在教学中发挥学生的主体作用,培养学生创造人格和创新才能,发展学生的思维能力,引导学生学会学习,掌握科学的学习方法,并形成实事求是的科学探究的态度,为终身学习奠定基础。

科学探究本身就是一个多侧面、多样化的学习活动。这些活动涉及了观察、提问、猜想和假设、查阅资料、调查、讨论与合作,实验、分析归纳、表达交流等。提倡学生自主参与各种各样的活动,亲历实践过程,这是科学探究区别于接受学习的重要特征。要重视学生在学习中的主体地位,使学生动手、动脑参与到探究过程中,使学生通过亲身经历实践活动逐步形成分析和解决实际问题的能力。

2.1.2.2　合作性原则

现代教学理论的研究表明,教学过程是一个交往过程,是一个沟通过程,是一个合作和互动的过程。新课程改革更加注重作为个体的学生都得到应有的全面和谐的发展,而建构主义学习理论也重视协作学习,强调学习者在他人指导和相互协作中学习。因此,合作就成为探究教学的重要组织形式,也是目前许多国家普遍采用的最富有成效的教学策略之一。它以小组为基本组织形式,小组成员互相帮助,最终共同达到学习目标。它能充分调动学生的积极性,充分发挥学生的作用。如"学习的过程是种分享,一种肯定,通过同学之间的相互讨论、辩证、澄清而建构出自己的知识体系"。学会合作甚至被列为联合国教科文组织提出的 21 世纪教育的四大支柱之一。

合作是探究式学习的前提。新课程倡导和强调"合作"的学习方式。合作式探究学习是为了让每一位学生参与学习的全过程,给每位学生提供展示的空间,使学生能够充分表达自己的观点。在探究教学中,采用小组合作的方式进行科学探究,让学生之间互教互学、互相支持鼓励,共同完成观察、记录、收集、信息处理等各个环节,既培养了科学探究的能力,又培养了同学之间交流与合作的能力,使学生学会关注、倾听、评价他人的观点,学会自我反思、学会分享同伴的研究成果。合作学习不但可以达到共同提高的目的,而且由合作学习所创设的和谐的人际关系,对学生的健康成长至关重要。

2.1.2.3 量力性原则

量力性原则要求探究的具体任务、探究内容、探究方式等都要符合学生的身心特点,适应其智力发展水平和知识水平,即让学生力所能及;同时又要鼓励学生通过一定的努力去追求新的目标。因此,贯彻量力性原则,要求教师在实验探究中既要从大多数学生的需要出发,又应照顾到个别学生的特殊需要;既要看到学生中那些才能出众的高材生,又要顾及基础较差的学生。贯彻量力性原则的效果要以学生在探究活动中对探究的体验、探究的收获和知识获取的程度作为检验标准,以学生的智力发展水平为依据。教师在组织探究时要掌握探究难度,注重了解学生的程度,不可超过大多数学生的接受水平。

2.1.2.4 发展性原则

实验探究教学必须以促进学生的发展为目的,不仅是学识的发展,还有情意与社会性的发展,是全面的发展。学生学习的过程是主体自我发展的过程,学校一切工作都是以学生的主体发展、自主发展为中心。在实验探究教学过程中贯彻发展性原则要求教师给出探究课题或所设计的探索性实验方案,要切实符合学生的认知结构和身心发展水平,又能促进学生的实验、设计思维、探索、创新等能力的发展。因为掌握科学基础知识和技能固然是科学教学的重要目标,但仅局限于此是远远不能适应科学技术飞速发展的要求的。科学教学要肩负起培养未来人才的使命,就不仅要使学生掌握科学基础知识和技能,而且还要培养和发展他们的能力,使他们形成科学态度。知识技能的掌握、能力的形成和态度的培养这三项科学教学的目标,并不是对立的,而是统一的,三者在运用科学方法而展开的科学探究过程中得到统一。而使学生掌握科学方法和科学探究过程是实现三者统一的关键。这一思想同科学教学目标、态度、过程、知识、技能是完全一致的。

2.2　初中化学实验教学形式

演示实验、随堂实验和实验室实验是中学化学教学实验最为常见的 3 种类型,围绕这 3 种类型的实验而开展的一系列学与教的活动,形成了特点各异的 3 种化学实验教学形式。

2.2.1　演示实验教学

演示实验教学是指教师在课堂教学过程中进行表演和示范操作,并指导学生进行观察和思考的一种实验教学。它是化学实验教学中广为应用、最为有效的一种基本实验教学形式。

2.2.1.1　中学化学演示实验教学及其作用

演示实验在化学教学中具有突出的重要作用。它可以激发学生的感知兴趣,调动学生学习的积极性和主动性;它可以使学生具体地认识化学物质的外部特征、物质变化的条件和现象,从而为学生获得物质及其变化规律,形成化学概念、理解物质及其变化的本质奠定感性基础;它可以给学生示范正确的实验操作,使学生受到科学过程和科学方法的熏陶;它还可以对学生进行安全节约、绿色环保、严谨求实等实验态度和观念的培养,具有"言传身教""潜移默化"的影响。

一般而言,适合教师演示的实验有:
- 发展学生实验素养所需要的最基本的实验。
- 实验装置和操作方法比较复杂,不适宜学生做的实验。

• 教师演示效果特别明显,且特别快速节约时间的实验。

• 实验仪器和试剂需求量较大,不易大规模进行的实验。

• 由于某种原因,不适合学生做的实验(如学生做可能发生危险或有毒、有害、污染环境的实验等)。

2.2.1.2 中学化学演示实验的教学要求

(1)合理地选择演示实验。在选择演示实验时,要考虑有利于教学内容重点的突出、教学难点的突破,还要符合直观、简单、安全、可靠等基本要求。

①目的明确,就是要求演示实验具有明确的实验目的。在选择或设计演示实验时,教师需要考虑:通过演示实验要求学生学习掌握哪些基础知识和技能,培养哪些方面的能力,体验哪些过程与方法及情感、态度和价值观的教育等问题。例如,在初中化学第一堂课绪言里镁带燃烧的实验,是初中生第一次接触到的化学实验,目的是要引导学生通过对实验现象的观察建立"化学变化"的概念。但是学生往往只是被镁带燃烧的耀眼白光所吸引,而对原物质是什么状态,最后生成的物质是什么状态却不大注意。因此,教师要引导学生进行有目的的观察,以便得出生成物和原物质不同,即"有新物质生成"的结论。

②直观就是要求实验现象鲜明而又能说明问题。在教学中,应该选择那些在反应中有颜色变化、气体产生、沉淀生成、物质溶解、热量变化、发光等明显现象的实验,通过演示给学生以强刺激。

③简单就是要求实验装置和操作尽可能简易。这是为了避免过于复杂的装置和操作可能分散学生注意力,同时确认能在短时间内完成演示,使之更好地配合课堂讲解或启发学生思考,以利于课堂教学的正常进行。

④安全演示实验必须确保安全,不允许任何有可能伤害师生的事故发生。否则,除了有损师生的身体健康外,还会使学生对化学实验产生畏惧心理,从而降低学习化学的兴趣和信心。在选择或设计演示实验时,必须把安全放在第一位,对实验中的不安全因素要做到心里有数,并采取有效措施予以消除。否则,不宜选作演示实验。

⑤可靠就是要求演示实验的效果应万无一失,确保成功。演示实验的失败,不但严重地影响教学效果,还会挫伤学生的化学学习兴趣和积极性,甚至会使学生对化学学科的认识产生偏差。因此,在选择或设计演示实验时必须多方考虑、反复试验,以确保所选的演示实验百分百成功。万一演示时没有成功(这本来是不允许的),一般应重做。

(2)课前要认真做好准备。为了保证演示实验成功,达到预期的教学效果,必须在思想上对演示实验给予足够的重视,认真对待每一个实验,即使是自己非常熟悉的或者是很简单的实验也不能掉以轻心。教师在上课前要认真做好准备。

首先，要对演示实验亲自反复预试，对实验中所用试剂的纯度、浓度、用量、各种药品的配比，仪器的选用和安装，各种实验条件（实验时的温度、压强、湿度等）如何控制，实验所需时间的长短等都必须做到心中有数。对实验的正常现象和反常现象及其原因都要进行分析，掌握好实验成功的条件和关键，以保证在课堂上能成功地进行演示。

其次，要根据教学目的和学生实际，做好指导学生观察和引导学生思考的计划。化学演示实验的最终目的，是使学生通过对实验现象的观察得出结论，在学习化学知识技能的同时，培养他们的观察和思维能力。所以，教师在课前要做好计划，让学生明确对演示实验要观察什么、怎样观察、说明什么问题、得到什么结论。

再次，认真检查演示实验预试成功所用的所有仪器、药品和器材，保证其合格且无遗漏，并按照使用的先后顺序摆放整齐待用。还要注意的是，准备好的仪器、药品和材料，绝不能让他人随意调换和转移，以免课上演示时出现意外；所需的零星器材和用品，如滤纸、药匙、玻璃棒、火柴等，甚至废液缸、抹布，都应准备齐全；对演示实验所需仪器、药品的量应比实际用量稍多一些。

（3）上课时围绕教学目的做好化学实验的演示教学。正确安装实验仪器，并使讲台始终保持清洁、整齐，使仪器、药品排列有序，实验装置做到布局合理、美观整洁。在科学态度、科学方法上对学生起到良好的示范作用。

①演示与讲授应该密切配合。要提高演示实验的教学效果，最重要的是要引导学生进行积极的思维。教师进行演示实验时，要使学生明确演示实验的教学目的和观察要求，并对实验装置、操作步骤、观察到的现象进行积极的思考。启发他们对现象和测定的数据进行分析，经过抽象、概括、总结和归纳，透过现象认识本质，以形成化学概念和掌握基础理论知识，培养学生的逻辑思维能力，所有这些都离不开教师的讲授。

②在课堂演示操作时也必须注意直观性。应尽量采取一些使现象鲜明的措施，让全班每个学生都能观察清楚。例如，为了增大可见度，可以使用比较大的试管和仪器做实验。有时要在玻璃容器背后衬托一个屏板，如生成有色气体和有色溶液、有色沉淀时，在容器背后衬一个白色屏板；在生成白色沉淀的容器背后衬一个黑色屏板。还可以把实验装置放在比较高的实验台上，以便使整个实验装置进入全班学生的视野范围。

③演示实验操作必须规范。演示实验中教师的实验操作，是学生学习

的榜样,应起到示范作用。因此,教师要注意本身对学生的影响。实验所用的仪器要整洁,装置要合理、美观,操作必须规范化做到一丝不苟。而且还要对学生操作中容易出现的问题,结合自己的实验操作,进行必要的提示和强调。有些实验具有一定的危险性,教师要对学生讲清楚,只要按照实验操作规程进行实验(如浓硫酸的稀释不是把水倒入浓硫酸,可燃性气体点燃前一定要验纯等),是不会发生危险的,以防止学生出于恐惧心理,而不敢观察、不敢做实验。

此外,教师的示范作用还表现在严谨的科学态度,操作有条不紊,物品摆放井然有序,对待实验结果实事求是,遇到意外事故不手忙脚乱等方面,这些都会对学生产生潜移默化的影响。

④把握课堂演示时间。在课堂教学中,既要做演示实验,又要进行其他教学环节,所以一定要掌握好实验所需要的时间。一般来说,每次演示实验的时间都不宜过长,较复杂的实验也不宜超过 5 分钟。对于比较复杂的演示实验,为了缩短演示实验时间,在不违反科学性的前提下,一些实验的装置应力求简易,做到重点突出,这样就可以把学生的注意力吸引到主要装置上来。为了节约时间,教师必须在课前做好充分的准备,如在上课前对仪器组装配套,对所用试剂进行必要的预处理(预热或制成半成品)等,在课堂上演示最关键、最本质又最能说明的内容。

2.2.2　随堂实验教学

随堂实验教学是指教师一边讲,学生一边操作实验的一种实验教学形式。这种实验教学形式多用于教授新课。在复习课上,有时为了加深概念的理解,也可适当采用。

2.2.2.1　中学化学随堂实验教学及其作用

从实验内容的角度,随堂实验通常适用于那些与化学基础知识有密切联系,又能培养和锻炼基本操作技能的实验;或者是那些适合学生水平,操作较为简单、学生能独立完成并易获得正确现象的实验。

随堂实验的特点是在课堂上把教师教授和学生实验结合起来进行教学。课前在学生课桌上摆放好必需的仪器和试剂。上课时,教师在讲授过程中,每当需要学生通过实验来认识某一物质的性质及其变化,或形成某一新概念、理解新的原理时,教师组织、指导学生进行相应的一个(或一组)实验。学生在一边听取教师的讲授,一边通过自己动手操作、观察和思考来获得知识。

比起单独由教师演示,学生能更仔细地观察实验现象,对所获得的物质及其变化的印象更加深刻,更能加深理解新的概念和新的原理,从而使掌握的知识更加牢固。同时,由于学生亲自动手,能更好地培养学生的实验操作技能、技巧和实验素养。整个实验在教师的指导下进行,因此,教师的主导作用和学生学习中的主体作用都能得到充分的发挥,学生学习效率和质量都能得到提高。

2.2.2.2　中学化学随堂实验教学要求

(1)精心选择实验内容。

一般来说,具备下列条件的实验可选做随堂实验:紧密配合教材内容,并为设备条件所允许;实验内容简单,操作方便,时间短;实验现象明显、直观,不易发生异常现象;实验安全可靠,不宜选用产生有毒气体或易发生爆炸的不安全实验。

同一节课所选用的随堂实验数量不宜过多,以免学生疲于实验操作,无暇仔细观察和思考。

(2)做好随堂实验的课前准备工作。

首先,教师要对课堂上学生要做的实验反复预试,除要求掌握实验成败的关键外,还要估计学生在课堂实验时可能出现的问题和大约所需时间,使教师在课堂上指导学生实验时心中有数,便于控制教学进度。其次,做好学生实验所用仪器、试剂的准备。将检查合格的仪器、试剂,整齐有序地分放在学生的课桌上。讲台上还应另备一套,以便教师示范演示。

(3)做好随堂实验的课堂组织和指导工作。

上课时要注意把讲授和组织学生实验有机结合起来。在学生进行实验时,教师要仔细地观察学生的操作情况、实验现象和记录情况,及时指导。必要时还可以中断全班实验,纠正出现的普遍性问题。待实验完结后,教师可以根据实验结果和实验现象进行提问。若学生的发言中有遗漏或错误,则组织其他学生补充、讨论,最后由教师总结。

2.2.3　实验室实验教学

实验室实验教学是指学生在教师的组织和指导下,利用整节课的时间,在实验室里运用已获得的知识和技能,独立进行实验操作,完整经历化学实验全过程的一种实验教学形式。

2.2.3.1 中学化学实验室实验教学及其作用

实验室实验教学同其他实验教学形式相比,实验室实验具有如下特点。

(1)从时间上看,一般是学生在学习了一定的化学知识后,利用整堂课的时间来进行实验。

(2)从方式上看,学生是在教师的组织指导下,通过小组合作的形式,在实验室里独立完成实验,实验活动的方式可以是验证性的,也可以是探索性的。

(3)从过程来看,学生充分发挥自主性,独立经历化学实验的全过程,即独立进行操作观察、思考、记录、实验结果的处理与分析和实验报告的撰写。

实验室实验独立性的特点,决定实验室实验教学对学生实验素养的发展具有非常重要的作用和价值。它能够激发和保持学生的操作兴趣、探究兴趣和创造兴趣;巩固和加深学生已学过的化学基础知识,尤其是化学实验知识;能有效地培养学生的化学实验技能、技巧,尤其是实验的综合运用技能;能通过运用实验方法论进行实验,使学生受到实验过程和实验方法的训练,发展实验探究能力;更有利于培养学生严谨求实的科学态度和化学实验的基本观念。

2.2.3.2 中学化学实验室实验教学要求

(1)做好课前准备。师生都应明确每一次实验室实验教学的目的。教师在实验前应做好本实验的预试;备好课后,应把学生实验用品准备齐全,并利用学生的仪器和试剂进行全部实验。这样可以进一步检查仪器、试剂是否短缺或有效。学生实验桌上的仪器、试剂要摆放整齐、合理,这不仅为实验提供方便,而且也给学生提供示范。

(2)课堂上检查提问。实验教学开始时,教师要进行必要的检查提问,判断学生是否明确了本实验的目的、操作步骤和注意事项等。这是学生实验成败的关键。此外,教师还要对实验做简短的讲述,对初次接触的仪器要作介绍,操作要做演示,结合操作过程交代有关注意事项。这样就能给学生留下直观印象和感性认识。

(3)辅导耐心认真。在实验全过程中,教师应认真负责、耐心细致地做好辅导工作,既要照顾全班学生的实验正常进行,又要对"两头"的学生做好重点指导,使得基础好的同学能更进一步,使得基础较薄弱的同学能完成任务。如果发现普遍性问题,或不安全因素,可以停止实验,经教师解决后再继续实验。在实验课上,还应注意对学生进行思想教育,培养学生具有良好的实验室工作习惯和高尚的道德品质、遵守纪律,胆大心细,爱护公物,求实求索和勇于创新。

（4）及时小结实验。实验完毕后教师要对实验情况进行小结，即从实验操作、实验现象、观察记录、科学态度、遵守纪律、道德品质、实验习惯等各方面进行全面评述，指出全班实验的优缺点，并分析原因，提出希望。实验小结应以表扬鼓励为主。小结之后，要求学生洗刷整理好仪器，试剂归还原位，打扫卫生后离开实验室。

2.3　初中化学探究性实验及教学设计

要使学生形成良好的科学素养，保持对自然的好奇心和探索兴趣，理解理论与实践的关系，养成科学态度和习惯，培养实践意识和创新能力，离开科学探究的学习过程是不可能的。化学课程中的科学探究是指学生用以获取知识、领悟科学思想观念学习科学研究方法而进行的各种活动。

表 2-6 为初中化学课程标准中的探究性实验。

表 2-6　初中化学课程标准中的探究性实验

初中化学课程标准中的探究性实验	(1)空气中氧气的体积分数 (2)氧气和二氧化碳的性质 (3)空气中二氧化碳相对含量的变化 (4)氯化钠、硝酸钠、氢氧化钠三种物质在水中溶解时的温度变化 (5)金属的物理性质 (6)用实验方法将氧化铁中的铁还原出来 (7)试验某些植物花朵汁液在酸性或碱性溶液中的颜色变化 (8)使用 pH 试纸测定唾液。食醋、果汁、肥皂水、雨水和土壤溶液等的酸碱性 (9)当地农村常用化肥的检验 (10)酸碱的主要性质 (11)通过实验比较空气和水压缩时的体积变化情况 (12)观察并解释浓氨水与浓盐酸接近时的"空中生烟"现象

2.3.1　中学化学实验探究教学的内涵

探究教学一般有五个基本的构成要素。第一，提出问题，学习者围绕科学性问题开展探究活动;第二,搜集证据,学习者获取可以帮助他们解释和评价科学性问题的证据;第三,形成解释,学习者要根据事实证据形成解释,对科学性问题做出回答;第四,评价结果,学习者通过比较其他可能的解释,来评价自己的解释;第五,交流发表,学习者要交流和论证他们所提出的解释。在具体的教学活动中,探究环节可多可少,不宜机械照搬。

实验探究教学具有情景问题性、内容主干性、方案科学性、过程互动性、思维深刻性、结论多样性和评价多元性的特征。

按照探究任务和问题的性质可以将实验探究教学分成四类:认识物质性质及其变化的探究教学(探究酸碱的主要性质)、认识物质的组成和结构的探究教学(我们吸入的空气与呼出的气体有什么不同)、认识化学反应规律和原理的探究教学(单质、氧化物、酸、碱和盐之间的相互转化)、应用化学知识解决实际问题的探究教学(模拟溶洞的形成、自制简易泡沫灭火器)。

2.3.2 中学化学实验探究教学的设计环节

在具体的实验探究教学设计过程中,主要有以下几个环节。

(1)创设探究情景。教师依据具体教学内容,设计贴近生活,贴近实际,贴近学生的探究情景。如通过展示生活中铁制品被腐蚀的各种图片,创设金属腐蚀与防护的情景;通过展示缺铁性贫血和补铁的相关资料,创设铁与人体健康的情景等。

(2)提出探究问题。在创设的具体教学情景中,学生自己提出探究问题,或者教师引导提出探究问题,或者教师直接给出探究问题。

(3)明确实验探究任务。在确定了探究问题之后,通过对问题的进一步分析和假设,明确具体的实验探究任务。

(4)设计实验探究活动的组织形式。在实验探究教学的实施中,探究任务的难易程度、实验的硬件条件、学生的探究水平、课堂教学时间等因素,都会对实验探究活动的组织形式产生影响。教师要根据学校、学生和探究任务的具体情况,决定采取2人一组或4人一组或独立完成等哪一种形式;决定是所有小组完成相同的实验任务,还是不同小组承担不同的实验任务等。

(5)设计实验探究活动的具体实施方案。在实施具体的实验探究活动中,探究活动的开放度是决定具体实施方案的主要影响因素。开放度体现在教师给学生自主探究的空间的大小,如实验方法是否要求相同,实验方案是否要求统一,提供探究时间的长短,实验试剂和仪器的多少,实验探究场地是否局限,查找资料的可能性等。例如,关于实验方案是否要求统一,如果教师希望探究活动的开放度较大,就可以让学生自己设计实验方案并实施。在实验过程中,教师不进行干涉,不对实验方案进行评价交流,每个小组完全通过组内讨论交流,合作完成探究任务。如果教师希望探究活动的开放度较小,就可以先让组内设计实验方案,然后大家交流实验方案,确定一种合理的方案,然后每个小组都按照确定的方案实施实验。例如,关于实施探究场地是否局限,较大开放度的做法是,在规定时间内,学生为了完成探究任务可以去实验室,可以去图书馆,甚至走出校园。探究活动的开放度是教师必须精心设计的,上面提到的诸多决定开放度的因素,是教师在教学设计时必须充分考虑并确定的,这是确保实验探究活动顺利开展,并且取得较高实效的保证。

(6)设计实验探究活动的评价。第一,教师的评价包括几个部分,如知识与技能、过程与方法、态度情感等,而不能只侧重认知方面。第二,教师要及时评价。根据教学情景,需要给予反馈评价时,不要过多考虑知识方面的总结归纳,也要重视如合作、探究方法、实验设计等方面的评价。第三,注重学生的自我评价。要给学生机会说一说自己的亲身体会和收获。第四,注重评价的生成性。如果学生在某一方面表现得突出,或者暴露出来的问题较多,就可以对此进行重点评价。尤其要对学生的行为表现进行评价,采用现场活动观测的评价方法。第五,要对评价的层次和顺序进行设计。一定要先落实直接结论,然后再落实推论;一定要先评价探究活动首要目标的达成情况,然后再评价次要目标。

2.3.3　中学化学实验探究教学的设计策略

实验探究教学中最重要的是实验探究活动的设计。教师在设计和实施中,普遍存在这样的问题:有些教师认为只要将以往的教师实验、演示实验转化为由学生动手的学生实验、小组实验就是实验探究。这样的观点存在的问题是,只注重了实验探究的外在表象,而没有深入挖掘实验探究的内在本质。导致课堂教学表面热闹,实际效果却很差;有些教师认识到实验探究包括提出问题、做出解决问题的设想、收集资料、分析资料、形成假设和验证结论等环节,并将这一系列的环节在教学中落实。这些教师没有认识到实验探究操作环节的可变性和可缺失性,更重要的是,没有认识到"实验探究的过程性"包括操作环节的过程性和问题解决思维的过程性;有些教师在实验探究教学中不仅让学生亲身经历实验探究的操作过程,还在每个环节引发学生思考。但教师发现这种解决问题的技能却很难得到迁移应用,学生在遇到类似探究问题时仍然表现出盲目性和不知所措。其原因是教师在科学探究过程中认识到了探究的过程性,但整个探究过程中思维的过程由于受到操作环节的影响显得分裂和孤立、缺乏连续性。

这些实验探究活动缺乏"过程性"的现象普遍存在于中学化学实验探究教学中,值得我们关注、思考与改进。导致这些问题出现的关键是,教师缺乏实验探究设计的有效策略,尤其是关于实验探究中思维活动展开的有效策略,以及将实验操作与知识形成统一整体的策略。V形启发图是解决问题或理解知识形成过程的工具,是实验探究思维过程展开的有效策略。

(1)V形启发图开始于概念、物、事。在制作V形启发图之前应先从概念图开始,以使学生熟悉V形启发图的两个要素:概念以及从属于概念的事或物。应该复习概念定义,并选择一系列简单而又熟悉的事来说明概念。

(2)记录和关键问题。我们在积极形成概念时,会运用已知的概念观察事或物,并对观察进行某种记录。我们所做的记录受一个或更多的关键问题的指导:不同关键问题会使我们的注意力集中于所观察的事或物的不同方面。

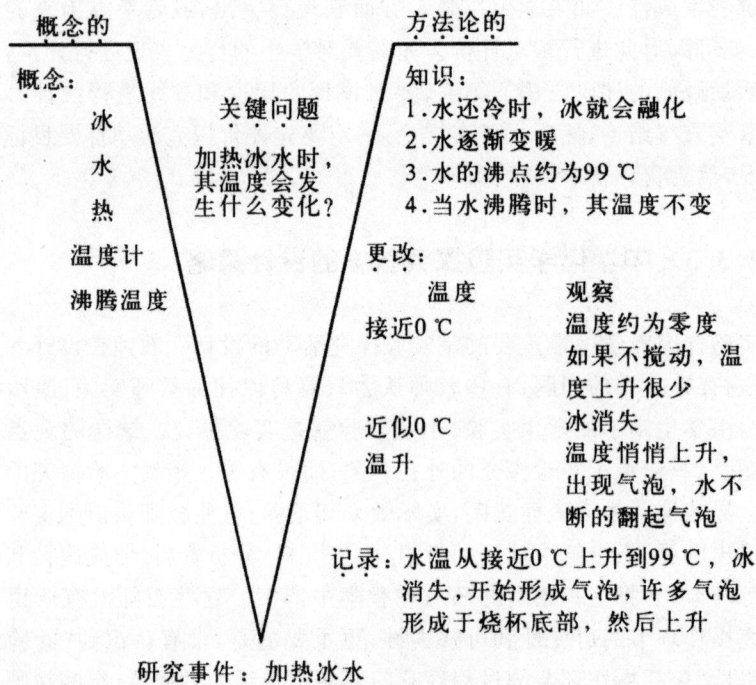

图 2-1　V形启发图

（3）记录更改和知识。更改记录的目的是以能够回答关键问题的形式来整理我们的观察。学生应该讨论提出的不同表格,并确定回答关键问题的最佳的整理观察的表格。一张表格可能吸取了两三张表格的思想。所有这一切都向学生表明:形成新知识需要某些创造性,寻找整理观察的最佳办法也需要某些创造性。同时这一切也向学生表明我们已知的概念和原理的组合影响着我们如何做记录更改。

（4）根据更改的资料,我们可以开始形成知识,即有关我们认为关键问题所需要的知识。知识是研究的结果,这里应该再次向学生揭示:形成新知识要求我们利用已知的概念和原理。另外,形成新知识的过程要求我们增加或改变已知概念和原理的含义,并认识它们之间的新关系。这是一种我们已知的知识和我们新的观察及知识之间的积极的相互作用,这也是人类文化对理解自然的和人为的事或物的扩展。

（5）原理和理论。在 V 形启发图左侧的概念之上是原理和理论。原理是指导我们理解的研究事件的意义的两个或更多概念之间的有意义的关系。

通过 V 形启发图可以使学生更加充分地理解学习活动的意义,激发学生对关键问题进行思考,认识到已有知识和正在形成的以及力图理解的知识之间的相互作用。V 形启发图"核心问题—事件—记录—更改—知识—价值"的流程与科学探究的操作过程具有相似之处,且 V 形启发图更好地揭示了学习者在问题解决过程中的思维过程。因此,V 形启发图是一种支持,指导科学探究过程的有效策略。

但上述 V 形启发图也存在一些不足之处。

首先,各操作要素之间仍然缺乏更加细致的过程性,学习者很难了解在探究过程中思维过程是怎样从核心问题过渡到具体事件上的。同样从记录到更改,从更改到知识之间也存在这样的问题。

其次,虽然从 V 形启发图中学生能够了解原有的认知结构与探究过程之间存在着相互作用。但这种相互作用是如何发生的,都在哪些环节发生,V 形启发图并没有很好的说明。

再次,科学探究的本质过程为"假设—检验"过程。这一核心观点在 V 形启发图上没有得以呈现。

根据对科学探究过程性的理解,以及对 V 形启发图的认识,专家提出了支持科学探究过程的 V 形启发图(图 2-2)。

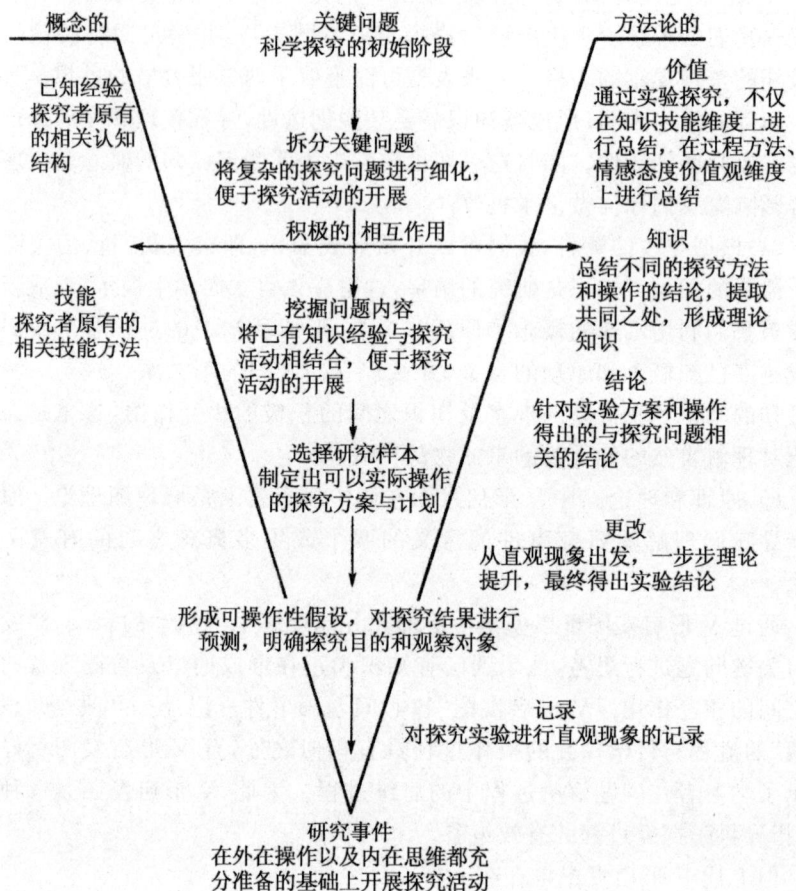

图 2-2　支持科学探究过程的 V 形启发图

从图中可以看出支持探究过程的 V 形启发图很好的体现了指导科学探究过程性学习的特点。它既反映出科学探究的操作过程，又体现科学探究思维过程；既清晰地呈现科学探究的外在环节，又深入地解释科学探究的内在本质。整个模型分为三大模块：第一模块是图示中从"关键问题"到"研究事件"的部分，这是操作过程的前半段，也是思维过程从抽象到具体的阶段；第二模块是图示右边从"研究事件"到"知识与价值"部分，这是操作过程的后半部分，也是思维过程从具体再到抽象的阶段；第三模块是图示的中间部分（V 形的左侧和右侧相互作用），这是外部操作和内部思维相互作用，原有认知结构与新知识学习过程相互作用的阶段。

通过对支持科学探究过程的 V 形启发图的理解以及课堂教学的分析，支持教师进行探究式教学设计的 V 形启发图如图 2-3 所示。

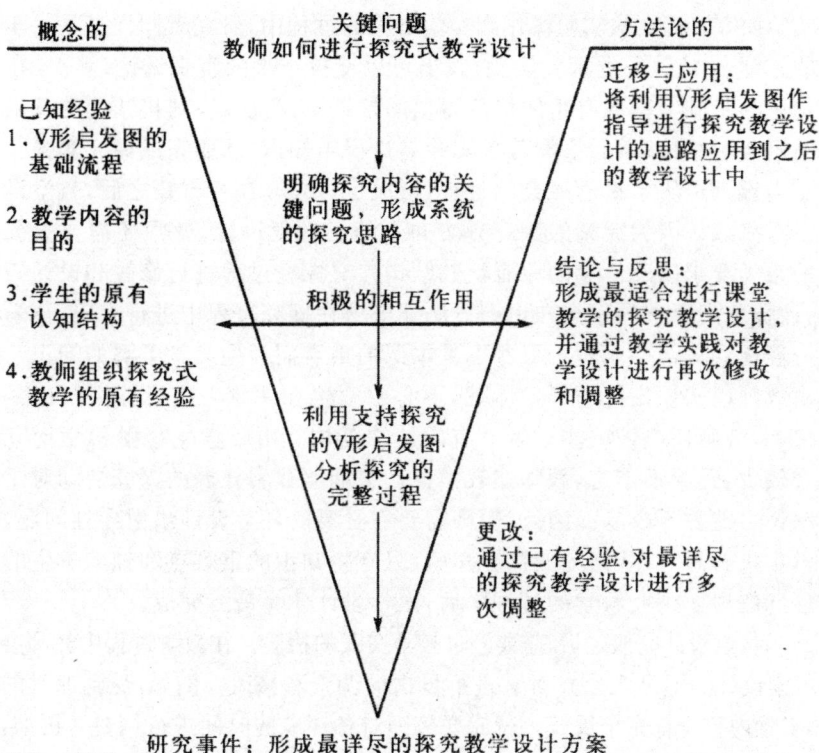

研究事件：形成最详尽的探究教学设计方案

图 2-3　支持教师进行探究式教学设计的 V 形启发图

从图中可以看出支持教师进行探究教学设计的 V 形启发图大致包括以下四方面的内容：根据教学内容形成可以探究的关键问题；利用 V 形启发图形成完整的科学探究过程；根据教学目标和学生原有认知结构，筛选课堂的重点环节和内容；形成课堂教学的教学设计。

探究问题的形成是探究式教学顺利开展的关键。对于相同的教学内容来说可以形成若干不同的探究问题，但最重要的是当教师确定好本节内容的探究问题之后就应该根据科学探究的思路将问题研究到底，保持问题的延续性和一致性，最终得出与关键问题相匹配的结论。

在探究式教学设计过程中教师应当将自己视为研究者，面对探究问题时不仅仅只是设计提出问题、实验方案、实验结论等最基本的探究环节，而应该根据科学探究的思维过程亲身经历一次探究过程，将整个探究活动中的动手动脑环节展现出来。例如，在从探究问题到实验操作的过程中，研究者并不是一步完成的，而是有所思考，有所计划的。对于探究问题首先应该将其拆分，找出研究的主体是什么；研究的方法是什么；研究的辅助用品是什么。再从这些物质和方法中选出具有代表性的形成可操作的假设，最后根据假设进行实验探究。而在从实验操作到实验结论的过程中,研究者同样不是一步完成的。首先,应该根据探究实验,找出可以支持结果的直观结论;其次,在直观结论的基础上提取有用的信息得出间接结论;再次,在间接结论的基础上总结出实验结论;最后根据若干实验结论得出知识,从而完成探究实验。

当教师经历了科学探究的过程,形成了一整套探究方案之后,教学设计并没有完成。因为完整的探究方案并不等于教学设计,教师还需要根据课标的教学要求以及学生的原有认知结构来对探究过程进行修改和设计。例如,课标中所要求的重点知识和方法就应该在探究过程中进行突出,让学生充分经历和体会。而对于那些不是本课的重点而学生又不了解的知识。可以由教师以知识支持的形式体现,不必由学生在课堂上进行探究解决。除此之外,教师还应该关注学生已有的认知结构。由于学生接触科学探究的机会较少,经验不丰富,教师在教学设计中能够顺利开展的探究活动对于学生来说可能并不容易。因此,教师需要在必要的环节设计出引导性问题,指导学生进行思考,从而完成探究实验,只有将知识的重难点和辅助学生的引导性问题融入探究教学的过程中后,教学设计才算最终完成。

当教学设计完成之后,需要经过教学实践的检验。在教学过程中教师会发现教学设计的不足之处并对其进行再次的调整和修改。例如,受到课时的限制,教学内容没有完全展开。就需要教师对各环节的时间进行调整。再如,对于某些探究内容来说,学生独立完成具有难度,这时就需要教师对探究内容进行拆解或是设计问题进行引导。要形成最适合课堂的探究式教学设计不仅需要教师在课前进行充分的思考和准备,还需要在课后进行不断的反思和修改。

2.4　初中化学实验教学的组织策略

不管我们将中学化学实验进行怎样的不同分类,就其实验教学的组织策略来说,主要可以分为以下四种,即基于知识直观的实验教学组织策略、基于科学探究的实验教学组织策略、基于认识转变的实验教学组织策略,以及基于技能训练的实验教学组织策略。

所有的实验教学都具有三个基本教学环节:实验前教学、实验过程教学和实验后教学。不同类型的实验教学主要因为不同的教学目的定位,而使三个教学环节的具体构成和教学组织策略各不相同。

2.4.1　基于知识直观的实验教学组织策略

对于基于知识直观的这类实验教学,是中学化学教学中,利用实验进行知识直观,为学生形成必要的感性认识,这是长期以来实验教学的主要目的和功能,出于这种目的的实验教学,具有其特定的教学结构和相应的教学组织策略。分为知识先于实验以及实验先于知识两种形式,教师演示实验或学生亲自试验都可以。表 2-7 说明了基于知识直观的实验教学结构和相对应的教学组织策略。

表 2-7　基于知识直观的实验教学组织策略

教学环节	教学活动	教学组织策略	示例 1(实验先于知识)	示例 2(知识先于实验)
实验前教学	教师对直观对象进行揭示。引起并集中学生注意力	选择性注意策略	下面我们通过实验章认识氧气的化学性质。请大家特别关注反应前、反应过程中和反应后的现象	物质为混合物和纯净物,混合物是由不同种物质组成的。各物质组分仍保持各自的性质。纯净物是由单一物质组成的,具有一定的相同的物质性质。下面我们来观察一个实验,体会混合物的特点,认识其与纯净物的区别
实验过程教学	演示实验,展示直观对象,引导学生观察记录	全面有序展示策略、对比策略、语言引导策略	依照点燃前。在空气中点燃、再放入纯氧集体瓶中顺序。演示碳和氧气,木炭和氧气、铁和氧气,蜡烛与氧气的实验。演示中采用衬屏	(1)分别展示硫粉、铁粉,并用吸铁石吸引。(2)使两种混合粉均匀,再用吸铁石吸引。(3)加热玻璃棒至红热,放于混合物粉末中,观察实验现象,反应结束后再用吸铁石试验
实验后教学	复述实验现象,分析实验现象,概括直观对象的化学本质	默想策略、文字、符号表征策略、归纳策略、解释策略、比较策略	让学生回忆。复述上述实验现象(包括颜色、状态、现象、纯氧中与空气中的对比等),写出上述反应的文字表达式或化学方程式;按照一定的角度进行概括总结。形成有关氧气化学性质的结论、化合反应和氧化还原反应的结论	让学生回忆记录。复述实验现象。包括:解释为什么会出现吸铁石的不同试验结果;总结混合物与纯净物的区别

2.4.2 基于科学探究的实验教学组织策略

基于探究的实验教学,即运用实验方法进行探究学习,实验是学生探究性学习的一部分,实验核心功能和目的是为了获取证据。这种实验教学与知识直观性实验教学相比,其基本过程要符合科学探究活动过程的要求,实验活动的目的不仅是为了感性直观,而是要先于实验形成预测和假设,依据假设设计实验方案,通过实验获取证据,分析整理归纳证据,论证解释假设和证据之间的关系,归纳概括形成结论,推论精致整合获得知识。具体教学结构和教学组织策略,见表2-8。

表2-8 基于科学探究的实验教学组织策略

教学环节	教学活动	教学组织策略	示例1	示例2
实验前教学	提出探究问题;对问题进行拆解;形成预测和假设;设计实验方案;交流实验方案	驱动性和明确性;逐步具体化和操作化;追问思路、适度提示、充分交流、保留差异、有限实施	氧气具有怎样的化学性质?氧气能够与哪些物质发生化学反应?金属、非金属和化合物都会与氧气发生化学反应吗?在空气中能够燃烧的物质(如木炭和蜡烛)在纯氧中会怎样?物质在纯氧中和在空气中有什么不同?在空气中不能燃烧的物质,在纯氧中会燃烧吗(如铁丝)?物质在氧气中的燃烧需要什么条件?具体实验假设:木炭、硫黄、镁条、铁丝、蜡烛酒精能够与氧气发生化学反应吗?氧气能够支持燃烧吗?	补铁剂中铁元素的存在价态会是0价,正2价,还是正3价?如果是正3价,则加入硫氰化钾会变色;如果是正2价,那么应该能够被氧化成正3价,那么之前应该不会使硫氰化钾变色,而加入氯水或双氧水之后,则会使其变为血红色

续表

教学环节	教学活动	教学组织策略	示例 1	示例 2
实验过程教学	实施实验方案;收集记录证据;调整和发展实验方案;处理实验突发事件	1. 小组分工合作; 2. 关注差异; 3. 随机指导评价; 4. 插入示范; 5. 重视安全	要证明假设和预测,需要获取证据证明化学反应发生的现象和有新物质生成;比较物质在纯氧和空气中的反应现象的不同。 可以将学生分成小组,不同小组负责证明不同的反应物与氧气的反应。 有的小组注意了物质在空气和纯氧中的反应现象比较,而有的小组没有,有的小组考虑了集气瓶中原来是否干燥,有的没有等	实施操作方案,观察记录实验现象
实验后教学	交流试验过程和实验结果;分析、论证、推论形成相关结论;概括、精致、整合化学知识;反思实验探究的思路、方法和策略;引导情感态度价值观方面的收获	1. 注重实验事实和实验结果以及知识结论之间的异同关系; 2. 追根寻源,精致知识; 3. 在有限时间内主次有别,共性在先,个别在后; 4. 放大差异,抓住教育时机	首先,引导学生汇报都做了哪些实验,看到什么实验现象,得到怎样的实验结论? 其次,引导学生汇报他们为什么要做这些实验,试图证明什么?又是怎样进行实验的?看到的实验现象如何论证实验目的和假设的?进而,教师按照实验问题,假设预测、实验具体现象,实验具体结论、氧气化学性质的知识结论等顺序进行概括、总结和精致。 最后,教师明确学生应该记忆的实验现象、应该会书写的化学反应方程式(或文字表达式)以及相应的实．验和探究方法	论证假设是否成立,说明证据

2.4.3 基于认知转变的实验教学组织策略

这种实验教学是关注到学生通常是带有原有认识进入新知识的学习的,而且他们的已有认识还经常与科学概念有偏差,属于前科学概念或相异概念。这样,新知识的教学应该从揭示学生原有认识开始,实验在其中发挥着设置问题情景诱发揭示学生原有认识,提供反向证据制造认识冲突,促使学生产生转变原有认识,接受新认识的动机和愿望等一系列作用。基于促进学生认识转变的实验教学,其根本特征在于实验内容的选取、实验问题的设置和实验讨论的展开,都要紧密围绕学生原有认识及其转变。因此,这类实验的教学组织策略有其特殊性,如表2-9所示。

表2-9 基于认识转变的实验教学组织策略

教学环节	教学活动	教学组织策略	示例1	示例2
实验前	设置问题情景:引导学生对实验结果进行预测	针对学生原有认识,选择那些实验结果会使学生产生出乎意料、矛盾困惑、不知所措等感受的实验问题。鼓励学生充分的预测,并说明预测的理由。适当放大学生之间的观点差异和争论,让学生做出自主判断。只问不答原则	金属活动性顺序的学习:首先演示金属铁和锌分别于硫酸铜溶液的反应,然后提出问题:"请预测一下:如果将铜放入氯化铁溶液中会怎么样?将铜放入硝酸银溶液中会怎么样?将金属钠放入硫酸铜中又会怎么样呢?"	原电池的学习:首先演示铜-锌原电池实验;然后让学生预测一下以下实验装置能否有电流产生?将电极材料进行更换为铁-石墨;将电解质溶液换成氯化钠溶液;氢氧燃料电池模型以及带盐桥的双液模型
实验过程	展示实验现象与结果	引导学生关注比较对实验现象和结果的预测与实际现象和结果之间的差异	引导学生重点观察能否发生反应以及反应的产物是什么?	引导学生重点观察、记录并分析有无电流产生、电极材料、电解质溶液以及电极反应

续表

教学环节	教学活动	教学组织策略	示例 1	示例 2
实验后	设问置疑,启发学生解释实验现象和结果,发现原有认识存在的问题和不适用。寻找或接受新的模型、概念和理论对实验现象和结果进行新解释	重点在于促使学生体会原有认识的偏差,而自主接受新的模型和理论	建立并正确理解金属活动顺序	反思原有认识的不足和缺陷,转变原有的关于化学电池的电极材料必须是金属,必须能跟电解质溶液发生反应,必须直接接触进行氧化还原反应等偏差认识。建立正确的原电池构成条件的认识

2.4.4　基于技能训练的实验教学组织策略

　　学习基本的化学实验基本操作技能是中学化学教学的重要内容之一,实验可以说是训练学生实验操作技能的唯一途径。这类实验教学的组织策略应该依据操作技能的学习规律,具体如表 2-10 所示。

表 2-10　基于技能训练的实验教学组织策略

教学环节	教学活动	教学组织策略	示例 1	示例 2
实验前	原型定向:教师讲解和示范实验操作	整体示范与分布示范相结合	实验基本操作学习单元:演示加热操作、固体药品取用、液体药品取用等基本实验操作	氧气实验室制法:介绍并演示实验室制备氧气的原理、装置和操作步骤。说明主要注意事项

续表

教学环节	教学活动	教学组织策略	示例1	示例2
实验过程	原型操作:学生模仿实验操作;变式操作:迁移应用实验操作	语言提示操作要点和程序;过度50%训练;设置操作运用的实验活动情景	学生单纯练习3次;组合操作完成一定的小实验,如氢氧化钠溶液和硫酸铜溶液混合;加热分解碱式碳酸铜固体粉末等	学生可以按照气密性检查、制备氧气、收集氧气,以及检验氧气几个操作单元先分别进行操作练习,然后再填装药品完成全过程操作
实验后	原型内化:反思默想	默想回忆;运用图示、空手训练	回忆每项实验操作的操作要点	交流实验操作的注意事项。绘制实验装置图

第3章　初中化学实验探究的教学评价

化学新课程中对科学探究的评价体现新的评价理念,评价的主要目的不是为了对学生进行甄别和选拔,而是既要促进全体学生在科学素养各个方面的共同发展,又要有利于学生的个性发展。化学实验是进行科学探究的主要方式。与此相适应,化学实验探究的评价方式应由只注重实验结果的评价转向重视实验过程和结果的双重评价,即注重评价学生在实验探究活动中的情感态度与价值观、对实验探究过程的体验和感受、对科学探究方法的了解和掌握情况、实验探究的能力以及探究的结果等。评价宜采取多样化的方式,重视学生的自我评价、同学互评、活动表现评价、档案袋评价以及改进传统的纸笔测试评价等,体现多元的、开放的、动态的评价理念。

3.1　化学实验教学评价的基本要求

化学实验教学目标的实现,既需要通过教师合理的教学方式、方法和学生科学的学习方式去加以实现,同时也需要适合的教学评价相配合。由于受"应试教育"的影响,以及实验考核评价操作具有一定的难度,化学实验学习评价多年来一直未受到应有的重视。因此,对于化学实验教学评价的改革,首先要教师树立正确的实验学习评价观,重视发挥评价在促进学生学习和发展方面的价值和作用,其次要加强实验教学评价研究,开发多样化的、科学合理的实验教学评价方式。

3.1.1　发挥评价对学生化学实验学习的促进作用

化学实验学习评价是化学实验教学系统的重要组成部分,是获取学生实验学习反馈信息、调控化学实验学与教的主要手段,是促进学生化学实验学习的重要途径。教师通过对反馈信息的分析,可以进一步判断导致学生实验学习困难的原因,一旦判断出学生在学习观念、态度、方法、策略等方面存在问题,教师就可以采取相应的措施进行调整和矫正,也可以为学生提出改进和补救的建议。

评价是科学探究必不可少的环节之一,它既是教与学互通的桥梁,又让我们知道任何一个教育活动的效果。在化学实验探究教学中,对于教师而言,通过评价体验了学生在实验过程中的困惑、疑问、欣喜、满足等情感;对于学生而言,通过评价更真切地了解自己,促进自我反思,自我成长。

化学实验学习评价可以为实验学习活动提供有效的反馈与诊断,调整与改进学生的实验学习,促进学生在原有水平上得到不断发展。但是多年来,由于教师认为实验学习评价不容易实施,有关部门对实验学习评价也缺少应有的重视,化学实验学习评价一直处于被遗忘的角落。鉴于评价在促进学生化学实验学习方面的重要作用,教师应该重视化学实验学习评价,发挥它应有的作用。

3.1.2 化学实验学习评价的内容要全面

传统实验学习评价仅关注学生对书本知识和化学实验操作技能的掌握情况,忽视了学生在过程与方法、情感态度与价值观方面的发展。即便是考查学生对于科学过程与方法的学习,也过多关注学生对实验方案设计与评价能力,而很少关注学生在实验过程中的具体表现。而对化学知识和实验技能的评价也往往停留在浅层次的记忆、操作和简单应用上,很少有在真实情景或模拟情景中对学生化学实验知识与技能的应用能力和解决实际问题能力的考查。可以说,传统化学实验学习评价的内容比较单一,过多关注学科内容,脱离社会问题和学生的生活实际。

从促进学生实验素养发展的目标出发,化学实验学习评价不仅要评价学生是否掌握化学基础知识和基本技能,还要评价学生对实验探究的理解、科学探究的过程和方法的掌握,更要重视学生在实验观念、实验情感态度与价值观方面的发展。

3.1.3 开发多样化的化学实验学习评价方式

学生在学习过程中会采取不同的学习方式,不同的学习方式又会导致不同的学习结果。传统的化学实验学习评价多属于终结性评价,更多地侧重于对学习结果的评价与测量,这种只看结果、不问过程的终结性评价,严重削弱了评价的发展功能。

化学学习强调动手操作和动脑思维相结合,不仅重视实验结论的获得,更重视学生获得结论的过程。这就要求化学实验学习评价重视过程性评价,不仅要关注学生实验学习结果,还要关注学习的过程,实现过程与结果的统一。此外,学生的进步和成长不仅仅由学习结果呈现,学生实验探究能力、实验观念和实验情感、态度与价值观的变化,很难直接找到变化的结果,它需要借助学习的过程来进行评价。只有关注学习的过程,才可能深入了解学生在发展中遇到的问题,所作出的努力以及获得的进步,才可能对学生的学习进行有效的指导,真正发挥评价促进学生实验素养发展的可能。

3.2　实验探究活动评价的功能和原则

依据《九年义务教育化学课程标准》的要求,培养学生的探究能力已成为义务教育阶段化学课程的重要目标之一。由于学生在探究的领域、地点、周期、途径、内容等方面存在差异,造成人们用早已习惯的学科教学评价模式和方法难于评价探究性学习,而这正是传统评价体系中的薄弱环节。

实验探究体现了新课程的新理念,显然,对实验探究的评价也应当追求新的评价理念。其评价的主要功能和基本原则有以下几点。

3.2.1　化学实验探究评价的功能

3.2.1.1　导向功能

化学探究学习的评价目标体系直接体现出化学探究学习的根本宗旨,有利于激发学生的学习兴趣,有助于学生改善学习方式,增强学习能力,提高科学素养水平。实验探究作为化学探究学习的主要表现形式,与之相适应,化学实验探究也应体现上述宗旨,使学生在实验中增进对科学探究的理解,学习怎样去进行实验探究,明白在实验探究过程中应当关心和注意什么、如何进行实验操作,以此来培养学生在实验探究中分析问题、解决问题的能力。

体现"导向功能"的实验探究活动评价

【探究课题】
二氧化碳在水中的溶解性。

【探究情景】
通常雪碧和可乐瓶开启后,我们都会看到大量的气泡冒出,有时甚至夹带着大量的汽水往外冲。汽水瓶和啤酒瓶受热或受到猛烈碰撞时,都有可能发生爆炸。所以,装有汽水和啤酒的箱子都标有"轻拿轻放、避光保存"的安全标识。大家知道汽水和啤酒中冒出的气泡是什么气体吗?

二氧化碳……

为什么汽水和啤酒中含有二氧化碳呢?

二氧化碳能溶解在水中吗? 如果能溶解,那它在水中的溶解程度如何?

【探究过程】

二氧化碳是无色、无味的气体,这给我们的探究带来了一定的困难。但同学们可以结合所学知识和已有经验,根据二氧化碳在水中溶解前后和溶解过程中发生的一系列变化,设计方案探充二氧化碳在水中的溶解情况。

学生通过分组讨论得出四种实验方案:

①根据"二氧化碳和空气在不同温度下在水中溶解量的不同"探究二氧化碳在水中的溶解情况;

②根据"二氧化碳被水吸收而引起的气体压强变化"探究二氧化碳的在水中的溶解情况;

③根据"二氧化碳溶解在水中可与水反应生成碳酸,碳酸遇紫色石蕊试液会变红"探究二氧化碳在水中的溶解情况;

④定量探究常温下二氧化碳在水中溶解的量。

学生按小组进行合作探究……

【评价内容】

(1)在与同学合作制订实验方案过程中,同学对你帮助最大的是_____。

(2)与同学合作实验探究活动过程中,同学对你帮助最大的是_____。

(3)通过这个实验探究活动,你最大的收获是_____。

(4)在这次的实验探究活动中,你认为值得改进的地方有_____。

(5)通过实验发现的新问题有_____。

3.2.1.2　反馈和调节功能

化学实验探究活动的评价更加注重整个实验探究过程的科学性和合理性。实验评价的结果并不停留在评价者一方,重要的是要将评价的结果以科学的、恰当的、具有建设性的方式反馈给被评价者,从而对自身建立起更为客观、全面的认识,促进实验能力的进一步发展。

在实验探究过程中难免会发生偏差,但是通过评价,学生可以及时获得信息反馈,并采取相应措施加以调整,从而使整个实验探究活动沿着正确的轨道前进。但要注意,这一功能的着眼点在于通过实验探究活动来促进人的发展,在评价中判断学生探究活动结果的成败得失并不重要,关键是通过对探究活动的分析,提出改善学生学习方式的具体措施。

体现"反馈和调节功能"的实验探究活动评价

【探究课题】

蜡烛及其燃烧的探究。

【探究目的】

(1)观察蜡烛的颜色、形状、状态、硬度,嗅其气味。

(2)用小刀切下一块石蜡,放入水槽,观察其在水中的现象。

(3)点燃蜡烛,观察其变化及比较火焰各层温度。

(4)将干燥的烧杯罩在烛焰上方,观察烧杯壁上的现象片刻,取下烧杯,倒入少量石灰水。振荡,观察其现象。

(5)熄灭蜡烛,观察其现象。用火柴点燃刚熄灭时产生的白烟,观察有什么现象发生。

【评价内容】

(1)在实验中,给你留下的印象最深刻的是_____。

(2)根据探究目的,你主要应观察的现象是_____。

(3)观察时,你认为自己应看到的现象但又未认真观察的是_____。

(4)你认为我们在观察实验现象时应如何观察?_____。

(5)再进行一次观察蜡烛燃烧实验,你观察到的现象是_____。

……

【分析点评】

学生在进行"蜡烛及其燃烧"实验探究时观察往往很片面,因此,教师在探究活动前可对学生进行明确的指导,在实验探究过程中及时地对学生的探究活动进行指导评价:

①石蜡是否溶于水?石蜡与水的密度比较,谁大?

②点燃蜡烛时,火焰分几层?各层颜色或明暗程度有什么不同?哪层温度最高?燃烧时是否生成水和二氧化碳?又是如何检验的?

③石蜡燃烧前后状态是否一致?

④熄灭时是否有白烟?白烟能否被点燃?

学生的化学实验探究活动是在教师指导下的探究,而不是完全的自主探究。教师可以通过评价对学生的实验探究活动进行反馈和调节。当然,也要注意指导学生进行自我评价,增强其自我监控的意识和能力。

3.2.1.3 发展激励功能

在实验探究过程中,通过积极性的评价,使被评价者获得向上的欲望和动力以及成功的心理体验,从而更加努力地投入到实验探究活动中去,以至对实验探究产生浓厚的兴趣,变成自己的探究活动。评价时应让充分尊重学生,使学生的主体性得到发挥,个性得到张扬;评价应正面引导,充分调动学生学习的积极性,让学生的学习有一个比较宽松的、能自由舒展身心的活动空间;评价应让学生品尝到探究实验成功的愉悦,体会到实验探究的魅力,推动实验探究性活动的不断深入和可持续发展。

体现"发展激励功能"的实验探究活动评价

【探究课题】

铁的防护和回收。

【探究活动】

在"铁的防护和回收"实验探究课上,教师让学生结合自己的生活经验总结出防止铁生锈的办法时,很多同学联系实际找到了如喷漆、烤瓷、涂油、密封、在干燥的容器中等十几种防护措施。但一位同学想到用硫酸铜溶液覆盖在铁的表面,因铜不如铁活跃,从而达到防止铁生锈的目的,显然这不是一个可行的办法,遇到这种情况,可能有的老师会说:"在铁表面加硫酸铜?你怎么会这样想?这么简单的反应都不知道?"如果这样处理,结果可想而知,学生肯定会垂头丧气,对实验失去信心。但是一位老师是这样说的:"虽然这种办法不可行,但它体现了一种科学的办法,那就是在金属的表面镀上其他金属防止生锈。我们可以想想,在上面镀哪些金属呢?"接着该学生在老师的指导下想出了一些用于防止铁腐蚀的金属,进一步地开展实验探究活动。

3.2.1.4 记录成长功能

化学实验探究学习的评价倡导多元化的评价内容,以及灵活使用不同的评价方法和手段,尤其重视质性评价方法(如档案袋评价、活动表现评价等),清晰、全面、真实地记录个体在一次次实验中表现出的点点滴滴,它是对学生学习互动的连续考察,对以发展的眼光来客观评价个体的发展具有深远的意义。

体现"记录成长功能"的实验探究活动评价

一位老师在整理某同学的实验能力的评价记录时,按时间顺序对该同学的实验能力的评价评语进行排列,充分展现了该同学通过探究活动提高自己实验能力的整个过程。

(1)在实验时大多数时间观看别人做,自己几乎不动手。

(2)实验中,很少记录实验现象和结果。

(3)别人怎么做,自己也怎么做,没有自己的主张。

(4)实验结束后立即走人,很少整理实验仪器,基本不进行实验反思。

(5)能够自己尝试着做,但经常漫无目的。

(6)在实验之前先考虑一会再做,但中途停顿次数较多。

(7)实验中,能与同学进行合作分工,但是合作时不和谐。

(8)实验后,能主动与他人讨论和交流实验的过程和结果,但讨论时间较短,发表见解较少。

(9)能反思自己和他人的长处和不足,并能提出具体的改进意见,反思有针对性,较深刻。

(10)能对实验方案提出个性意见,能对实验探究的结果进行评价。

3.2.2　化学实验探究活动评价的原则

3.2.2.1　发展性原则

化学实验探究的目的是发现和发展学生多方面的潜能,了解学生在发展中的需求,帮助学生认识自我、建立自信,使学生的学习由外在的压力逐步转化为内在的需要,从而促进学生实验探究能力的发展,而不是对学生进行分等第与甄别。在评价中要以人为中心,反对就事论事,要从评价中发掘一切因素促进学生个性的完善和成熟。评价所追求的不是给学生下一个精确的结论,更不是给学生一个等级分数并与他人比较,更多的是对学生的关注和关怀。

体现"发展性原则"的探究活动评价

某学生在以前的化学实验探究中,一般都得对实验表现比较畏惧、缺乏兴趣,大多数情况是同学操作他观看。但在探究"空气存在的探究"这一实验时,当有的同学提出"把一个压扁的塑料袋抖开,再将袋口系住,用双手挤压塑料袋,感觉到有压力,是因为塑料袋内充满了空气。""用扇子朝脸扇,感觉到有风,就是因为空气在流动,这可以说明空气的真实存在。""将一块海绵放入水中,在水中用手挤压海绵,有气泡产生,说明空气是存在的。""平时我们用气筒向自行车的轮胎中打气,一会儿轮胎就鼓起来了,说明空气是真实存在的。"该同学突然想到"把一个空集气瓶放入盛满水的水槽,向下压,集气瓶内的水无法上升到顶端,不就说明集气瓶内确实存在空气了?"。老师非常高兴,对他的想法给予了充分的鼓励和肯定,并让他自行设计实验方案,完成接下来的探究实验。

3.2.2.2 多元化原则

(1)评价的内容多元。实际上每个学生在实验中表现出来的优势智能各不相同,他们均以自己独到的方式进行实验和感悟,表现出不同的智能特点和智能组合。所以,评价时要涵盖知识与技能、过程与方法、情感态度与价值观等领域;不仅要重视实验的结果,而且要重视学生在实验过程中的表现;评价中不仅关注学生实验的现状,而且关注学生在实验方面的潜力和发展趋势。

(2)评价的主体多元。有些智能如人际关系智能、内省智能的评价已超出了教师所能顾及的空间。例如,在探究实验中,学生的学习超出了课堂和学校之外,实验的范围也可能超出教师的已知范围,加之有些探究实验持续的时间较长,教师对学生实验的了解和监控不可能做到非常及时。所以,评价学生实验时,应将教师评价、学生互评、学生自评、家长评价等结合起来,对学生的发展情况建立共识,形成合力,一起来关心、促进学生的成长与进步。

(3)评价的方式多元。在对学生进行实验探究活动评价时,除了纸笔测试之外,应当多采取观察、面谈、作品展示、项目活动报告等多种方式,做到质性评价与量化评价相结合,以质性评价为主;肯定与诊断相结合,重在激励;目标评价与目标游离评价相结合,注意个性;自我评价与他人评价相结合,倡导自评。

体现"多元化原则"的探究活动评价

在进行"空气中二氧化碳的含量会改变吗"实验探究时,一位老师除了注意评价学生在探究活动中的积极性、主动性、实验操作技能的掌握情况等活动表现外,还以下列问题评价学生探究活动的成果,充分体现了探究活动评价的多元化原则。

（1）实验中要求通过玻璃管向溶液中吹气,使得滴入酚酞指示剂的氨水溶液褪色,这是为什么?

（2）你还能设计出其他实验方案来探究空气中二氧化碳的含量吗?

（3）空气中二氧化碳的含量保持一定的数值,对于生命活动和生产活动都具有重大意义。你能说说空气中氧气含量过高或过低的危害吗?

（4）有人说,空气中二氧化碳含量不会变化,不然,空气成分就不会保持恒定,你认为这种说法正确吗?

（5）有人说,一天中二氧化碳白天含量低,晚上高,你同意这种说法吗?

（6）实验探究中你最大的收获是什么? 你认为值得改进的地方在哪?

3.2.2.3　激励性原则

激励性原则是指正确运用实验探究评价,来激发每一个学生的实验兴趣,调动其实验探究的欲望和潜能,让学生品尝到实验成功的愉悦,体会到实验的魅力,增进学生进行实验探究的积极性和创造性。一般不采用等级评价的方法来评定学生的表现。教师应当认识到,学生的实验探究学习是模仿科学家的科学研究活动而进行的一种学习活动,在本质上仍然是"学习"而不是"研究"。因此,我们不能对学生提出不切实际的要求,比如对实验探究过程的严密性、创造性、完整性等,不可求全责备。教师应以鼓励的眼光看待每一个学生,认识到每个学生都具有探究的能力,每个学生都可以进行探究学习。因此,教师不能总是以冷峻严肃的面孔去面对学生,不能漠视学生在实验研究学习中的进步,而是应当对学生学习中的哪怕是细微的进步感到由衷的欣喜,并且要善于将喜悦之情溢于言表。

体现"激励性原则"的探究活动评价

在学习灭火原理的时候,老师让学生了解人们日常生活中采用的灭火方法,调查附近地区发生的火灾事故及引起火灾的原因以及他们采取的防火措施。一学生经过长期的调查,收集了大量的现实资料,将调查的结果以调查报告的形式进行总结,并定期向家人和邻居宣传消防和灭火的知识。虽然该学生所做的调查不一定很全面,宣传的范围也不是很广,效果也不一定很好,但是老师的评语是这样写的:你能够长期坚持不懈地调查,我很欣赏你的顽强意志;你能一直坚持将自己获得的调查数据进行分析研究,并坚持实事求是的科学态度;你能定期将自己的研究成果进行宣传,提高人们的安全意识,增强他们的保护意识,体现了很强的社会责任感;我坚信你具有学习科学的天赋,希望你再接再厉,取得更大的进步!

3.2.2.4　情境化原则

传统的实验评价往往是在"纸上谈兵",这种方式脱离了现实情景。我们知道,一个人口头上或理论上知道如何做实验,与他实际上是否真的会做实验并不是一回事。评价时要重视学生在实验过程中所表现出来的实验态度和所运用的实验方法,强调学生在亲身参与探究性实验活动中所获得的感悟和体验,重视学生在发现问题、提出问题和解决问题的过程中的智能综合、思维运用和见解创新。以操作技能的评价为例,通过纸笔测验只能测得一个人是否掌握了与某项实验操作技能有关的技术知识,而不能直接测试操作技能本身。另外,在纸上考实验的评价方式中,教师只能观察到学生理智活动的外部结果,无法观察到产生这一结果的内部思维过程。因此,在实验情境下进行的评价才有诊断和治疗的作用,评价应在个体参与实践的情景中轻松地进行。

体现"情境化原则"的探究活动评价

【探究课题】
测定空气中氧气含量。

【探究情景】

教师:我们的生活离不开水和空气,空气污染已经对自然环境构成了严重威胁,并且威胁到我们的日常生活。今天我们研究的课题便是我们吸入的气体——空气。洁净的空气中含有哪些气体成分呢?又如何证明这些气体的存在呢?

学生:有氧气。物质能在空气中燃烧,就是因为空气中含有氧气。

学生:有二氧化碳。向空集气瓶内倒入澄清的石灰水,振荡,石灰水变浑浊,证明空气中确实含有二氧化碳。

学生:空气中还有水蒸气,早晨的露珠就是空气的水蒸气冷凝而成的小水滴。

学生:夏天从冰箱里取出一瓶啤酒,过一会儿,瓶外出现许多小水珠,这也是空气中的水蒸气遇冷凝结而成的。

【探究方案】

教师:从生活经验和以往的学习活动中,我们知道了空气中含有氧气、二氧化碳和水蒸气。那么,空气中还有其他气体吗?各种气体的体积分数又是多少呢?经过漫长的科学探究,科学家们已经解开了这个谜。下面,我想请在座的各位同学尝试解决一个问题:设计一个实验,粗略地测定空气中氧气的体积分数,前后左右的四个同学可以组成一个小组,相互讨论。

学生1:取一定体积的空气(一集气瓶),把火柴点燃伸入集气瓶中,熄灭后,用原来的总体积减去后来剩余的体积,即为氧气的体积,再通过计算,便可求出氧气的体积分数。

教师:我认为,这个同学抓住了关键——利用物质在空气中燃烧消耗氧气来测定空气中氧气的体积。其他同学对此有何看法?此方法有没有需要改进的地方呢?

学生2:按他的方案,我觉得气体的体积减小量无法测定。

教师:我同意。那么,如何解决这个问题呢?谁来帮帮他?

学生2:我能不能上来画?

教师:当然可以!

学生2:(边画边讲)先将一支较长的蜡烛放在水槽底部,向水槽中加水,使水面低于蜡烛,再点燃蜡烛;将一个集气瓶倒罩在蜡烛上方,当蜡烛熄灭后,由于集气瓶中的氧气被消耗,所以瓶内压强减小,外界大气压就会将水压入集气瓶内,那么,水面上升多少就,表明氧气的体积是多少。

教师:同学们,这个方案怎么样?

(学生议论,纷纷表示同意该方案。)

教师:我也很欣赏这位同学的方案,他巧妙地利用倒吸入瓶内水的体积,明确表达出被消耗氧气的体积,从而测出一定体积的空气内所含氧气的体积,很有创意。那么,还有没有需要完善的地方呢?

(学生中你望望我,我望望你,一时没有人回答。)

教师:既然没有,我们就请这位同学演示一下,看一看他的实验结果与科学家的结论是否一致?

学生2:演示(教师事先准备了一个带5等分刻度的集气瓶,让其演示,便于观察体积变化)。结果水上升的体积约为集气瓶容积的1/10。

教师:科学家的结论是氧气约占空气的1/5,而在他的实验中,气体减少的体积却远远小于1/5,为什么差别很大呢?

学生2:蜡烛燃烧放热,使剩余气体膨胀,所以液面上升的体积数偏小。

教师:也就是说,我们要等到装置完全冷却到原来的温度后,再观察(约2分钟后,观察结果仍然偏小)。

教师:看来还有别的原因?(无人回答,教师提示)想想蜡烛燃烧后生成物是什么状态?

学生2:蜡烛燃烧生成了水和二氧化碳,二氧化碳是气体,占据了一定的体积,所以结果偏小。

教师:怎么改进呢?

学生2：改用木棒。

学生3：不行，木棒燃烧也生成二氧化碳气体。

学生4：改用在空气中能够燃烧，但又不生成其他物质的可燃物。

教师：可能吗？

（许多学生反对）不行！燃烧就一定有新物质生成。

学生：选用燃烧后不生成气体的可燃物。

教师：很好！我给大家介绍一种可燃物——红磷，它在空气中燃烧，生成一种白色固体（展示红磷样品）。现在，我们这个方案基本可行了。为了便于操作和观察，某些细节问题还有待完善、改进，希望同学们课后继续思考，并利用课余时间到实验室去亲手做一做。下面，我为大家演示一个实验。

（教师边介绍边演示实验，学生观察、描述现象，师生共同分析、得出结论。）

3.3　实验探究活动评价的内容与实施

随着化学实验教学评价观念的转变，化学实验教学评价的内容和评价的方法也必须作出变革。

3.3.1　化学实验教学评价的内容和标准

化学实验教学评价的内容和标准包括：培养学生用实验方法研究化学现象和规律的能力，使学生在化学实验的基本知识、基本方法和基本技能等方面受到较系统的训练，加深对化学基本概念和基本规律的理解和掌握，培养良好的化学素养、创新精神和实践能力；把化学实验教学从传统注重传授知识型转变为传授知识和培养能力型的教学模式。根据教学过程的多样性和教学目标的统一性所设计的评价体系目标是：通过课程考核、评价，更好地落实实验教学目标，促进实验教学改革，提高实验教学质量，培养高素质人才。为此，不仅要关注学生的知识与技能的获得情况，还应关注学生学习的过程和方法、情感态度和价值观等方面的发展。

3.3.1.1　知识与技能

对于基础知识的评价，要尽量融合在科学探究过程之中。评价的内容包括：是否有最基本的化学知识；是否能运用这些基本知识去发现问题、提出问题；是否具有独立探索新知识的能力；是否具有识别和筛选信息的能力等。对于基础知识的评价,要做到在实际情景中以及在学习过程中评价。

对于基本技能的评价,应按其性质和特点灵活进行评价。对于化学实验技能方面的评价可以包括以下几个方面:

①是否会根据实验课题选择常用的实验仪器和测量工具。

②是否会使用这些基本实验仪器和测量工具。

③是否会记录实验数据,指导简单的误差处理方法。

④是否会写出简单的实验报告。

⑤是否会用科学术语和简明的图表来描述实验结果等。

这些基本实验技能的评价除了进行笔试和具体操作考核外,还应通过观察和对学生实验报告的检查来收集评价信息,并根据这些信息及时作出评价。

3.3.1.2　过程与方法

在过程与方法的评价中,要重点评价学生的观察能力、提出问题的能力、提出猜想和假设的能力、收集信息和处理信息的能力以及合作与交流的能力等。在评价中,应将形成性评价与终结性评价有机融合起来,客观地记录学生参加了哪些活动、投入的程度如何、在活动中有什么表现和进步等情况,对学生在学习过程中所经历的途径、采用的方法进行比较综合,然后得出评价结论。学生的探究性学习可以参照以下方面进行评价:

①能否根据观察和生活经验提出问题,并根据问题提出假设。

②能否利用身边的材料设计实验方案。

③能否按照实验方案准备实验,有步骤地进行实验。

④能否按照实验操作规范要求完成实验。

⑤能否安全的使用各种实验器材。

⑥能否实事求是地记录和收集实验数据。

⑦能否分析实验数据的相关性并得出结论。

⑧能否在探究活动中与他人合作交流。

3.3.1.3　情感态度和价值观

对于情感态度与价值观的评价,不宜像对知识与技能一样进行直接评价,多数情况是通过一些可以观察的指标间接地推断和度量。因此教师应通过观察、记录学生在实验过程中的表现来了解学生在情感态度和价值观等方面的现状和进步情况。对于学生科学态度的评价,可以从学生的语言表现、行为表现、情绪表现等方面进行;对于行为表现和情绪表现的评价,必须分别对学生的行为、情绪进行观察和记录。例如,学生在实验结束后是否乐意将实验台整理好;学生在一时无法调试好实验仪器时是否对实验失去信心;学生对这些实验是否抱无所谓的态度;学生是否愿意在实验过程中同别人合作;学生是否尊重实验数据等。

3.3.2　实验探究活动评价的实施方式

3.3.2.1　实验探究活动的档案袋评价

化学实验探究活动的档案袋评价,是指评价者(可以是化学教师、家长、学生自己或同伴)依据档案袋中的材料,对学生化学实验探究学习的过程和结果所进行的一种详细、客观、综合的评价。

对于化学实验探究活动的档案袋评价的含义,应从以下几个方面作进一步的理解。

①档案袋中的档案是与学生化学实验探究学习的过程和结果有关的材料。

②档案袋中的档案主要由学生自己来收集、编排和保存。因此,学生是"档案的制作者",也是"档案的所有者"。

③档案袋中的档案是学生个人化学实验探究学习的过程和结果方面的材料,因此,它反映体现了学生的个性,展示了学生自己独特的化学实验探究学习过程。换句话说,不同的学生,可以有不同的化学实验探究学习档案。

通过化学实验探究活动的档案袋评价,有助于教师和家长了解学生的化学实验学习情况,并对学生的成长和进步的快慢、大小做出较为恰当的判断,从而帮助学生制订进一步发展的计划;同时,学生通过自己的化学实验探究学习档案可以反思自己的化学实验学习的情况,进行自我评价。

3.3.2.2　实验探究活动表现评价

化学实验探究活动表现评价,是指评价者(可以是化学教师、家长、学生自己或同伴)依据学生在解决问题的活动中的行为表现,对学生化学实验探究的过程与结果所进行的一种详细、客观、综合的评价。对于化学实验教学的活动表现评价的含义,还应从以下几个方面作进一步的理解。

①这种评价离不开一定的化学实验探究活动,而且这种活动是由学生完成的。

②活动具有较强的目的性,学生在进行化学实验探究。

③活动中要完成某种任务或一系列任务。

④活动具有较强的情景性,力求在真实的情景中完成任务。

⑤这种评价关注学生在活动中的外显的行为表现。

⑥这些表现不仅仅只是化学实验探究活动的结果，更重要的还应包括学生在具体的化学实验探究活动过程中的一系列行为。

3.3.2.3　实验探究的纸笔测验评价

纸笔测试是常用的评价方式，它具有操作简单、信度和效度较高等优点。传统的纸笔测试对知识取向、"双基"取向、解题能力取向过分倚重，评价功能偏窄。过去部分教师和学生认为只有在纸笔测试中取得好成绩才算真本事，因此纸笔测试的功能是甄别与选拔；部分学校将纸笔测试的结果作为对教师和学生管理的工具，按成绩排队论英雄，以学生成绩给教师发奖金。这样的纸笔测试使"学困生"无地自容，学习积极性被扼杀，消极心理与日俱增，再加上家长的施压，学生的个性和创造性荡然无存。然而在课改的今天，纸笔测试仍然有其优点，具有其存在价值，关键是要对纸笔测试的内容进行改革，尤其在课堂实验探究过程中，要大力发挥纸笔测验评价的功能，使得纸笔测试的评价方式以新的面貌展示于化学课堂学习中。

（1）注重情境性。

化学课堂实验探究的问题一般都具有真实的情景，因此，在设计纸笔测试时，应充分考虑问题的真实性和情境性。这种以一定情景为背景的化学问题，有利于学生将探究活动中学习的内容迁移到解决新问题中来，有利于客观评价学生在实验探究活动中的体会和收获。

情境性试题中的情境可以来自生活，涉及衣、食、住、行等多方面内容，如燃烧与灭火的原理、防火的措施、居室污染、生活中的材料……也可以从工农生产中设计情景，如工业生产中的原料的使用、三废的排放及其治理、农业生产中农药的使用及其造成的危害……还可以从化学史和科技发展的前沿设计情景，如古代、现代和当代化学领域所取得的重大成就，科学家在研究物质及其变化过程中所使用的科学方法、所经历的研究过程……

用于评价"情境性"探究活动的纸笔测试题

题 1　表 3-1 为家庭中一些常见物质的 pH。

表 3-1　家庭中一些常见物质的 pH

物质	食醋	牙膏	食盐水	肥皂水	火碱液
pH	3	9	7	10	13

蚊子、蜂、蚂蚁等叮咬人时,会向人体注入一种叫蚁酸(呈酸性)的物质,使皮肤红肿、瘙痒、疼痛。要消除这些症状,应在叮咬处涂抹( )。

A. 牙膏或肥皂水　　　　　　B. 食盐水

C. 火碱液　　　　　　　　　D. 食醋

题2　牙膏的探究。

(1)表3-2列出了三种牙膏中的摩擦剂。请在表中填写三种摩擦剂所属的物质类别。

表3-2　三种牙膏中的摩擦剂

牙膏	"两面针"儿童牙膏	"珍珠王"防臭牙膏	"中华"透明牙膏
摩擦剂	氢氧化铝	碳酸钙	二氧化硅
所属类别 (指酸、碱、盐、氧化物)			

(2)根据你的推测。牙膏摩擦剂的溶解性是＿＿＿＿＿＿＿。(填"易溶"或"难溶")

(3)牙膏中的摩擦剂碳酸钙可以用石灰石来制取。某同学设计了一种制备碳酸钙的实验方案,其流程如下:

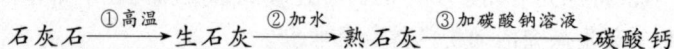

石灰石 $\xrightarrow{①高温}$ 生石灰 $\xrightarrow{②加水}$ 熟石灰 $\xrightarrow{③加碳酸钠溶液}$ 碳酸钙

请写出上述方案中有关的化学反应方程式:

①＿＿＿＿＿＿＿＿＿＿＿＿＿＿＿＿＿＿＿。

②＿＿＿＿＿＿＿＿＿＿＿＿＿＿＿＿＿＿＿。

③＿＿＿＿＿＿＿＿＿＿＿＿＿＿＿＿＿＿＿。

(4)请你仍用石灰石为原料(其他试剂自选),设计另一种制备碳酸钙的实验方案,仿照(3)所示,将你的实验方案用流程图表示出来:

石灰石 $\longrightarrow$

你设计的方案的优点是＿＿＿＿＿＿＿＿＿＿＿＿＿＿＿＿。

点评:以上两个例子以生活为背景,考查学生从化学视角解释和探究生活中的化学现象、常见物质以及发散思维的综合能力,体现了理论联系实际的特点。在课堂实验探究中,先让学生在这样的问题情境中产生疑问,再进行探究,或者边做试题边探究,从而收到较好的效果。

(2)加强开放性。

课堂实验探究活动的探究过程和结果是不确定的,都具有开放性的特征,因此,实验探究活动的评价应加强问题的开放性。同时,开放性的问题有利于促进学生的发展和全面评价学生。开放性的问题可以是内容的开放,也可以是解决问题过程与方法的开放、答案的开放、思维的开放以及探究的开放,或者是兼而有之。

用于评价"开放性"探究活动的纸笔测试题

题 1　两种无色溶液混合,生成一种白色沉淀。试根据你学的酸、碱、盐的,性质,推测生成的白色沉淀可能是哪几种物质,相应参加反应的两种无色溶液各是什么?(写出三种推测)

推测 1. _____。

推测 2. _____。

推测 3. _____。

题 2　实验探究氢氧化钠溶液中哪一种粒子(H_2O、Na^+、OH^-)能使指示剂变色。

实验步骤:

(1)在第一只试管中加入约 2 mL 蒸馏水,滴入几滴无色酚酞试液,观察现象。

(2)在第二只试管中加入约 2 mL NaCl 溶液(pH=7),滴入几滴无色酚酞试液,观察现象。

(3)在第三只试管中加入约 2 mL NaOH 溶液,滴入几滴无色酚酞试液,观察现象。

通过上述实验的探究,回答下列问题。(下述问题中的"现象"是指:无色酚酞试液是否变红)。

实验(1)看到的现象是_____,你得到的结论是_____。

实验(2)看到的现象是_____,说明 Na^+ 离子_____。

实验(3)看到的现象是_____,你得到的结论是_____。

题 3　为了探究铁、铜、镁三种金属的活动性顺序,请你提出假设或猜想,并检验你的假设或猜想是否正确。

(1)你的假设或猜想:活动性由强到弱的顺序是:①Mg、Fe、Cu;②Fe、Mg、Cu;③_____。

(2)检验你的假设或猜想时,做实验需要的药品是_____,用到的实验仪器是_____。

(3)实验步骤、现象及相关的化学方程式:_____。

由此得出结论,接受假设①,拒绝假设②③。

点评:这几个例子充分体现了思维开放和答案的不唯一性,体现了对探究过程的考查和过程考查的开放性,能考查出各个不同层次学生的知识掌握程度。这样的考查不再是知识的简单综合,而是注重了过程与方法以及对知识组块的整合,具有典型性和代表性。学生在回答这些问题的同时进行实验探究,会收到很好的实验效果。

(3)实现探究性。

课堂的实验探究活动需要实验习题的辅助,当然相关的实验练习也应具有可探究性,这样才能使学生在习题的指引下更好地完成实验探究。实验的探究和习题的探究是相辅相成、相得益彰的;在实验中回答问题,在问题中进行实验。

用于评价"探究性"探究活动的纸笔测试题

校研究性学习小组查阅化学史料发现:早在 300 多年前,英国化学家波义耳在一个敞口的容器中加热一种金属,结果发现反应后质量增加了,由此得出反应前后质量不守恒这结论。之后,俄国化学家罗谟诺夫在密封的玻璃瓶内燃烧金属,发现反应后质量不变,由此得出反应前后质量守恒。

这两位科学家的实验相似,为何结论不同?该学习小组沿着科学家的足迹进行实验探究,请你完成以下相关内容:

(1)讨论:两位科学家得出不同的结论究竟与哪些实验因素有关呢?

(2)提出假设:若用同种金属、同一种容器进行实验,两位科学家得出不同的结论主要是由于_____的缘故。

(3)实验验证:

已知:钠在空气中受热燃烧生成过氧化钠固体,操作步骤及实验现象见表 3-3。

表 3-3　钠在空气中受热燃烧

操作步骤及实验现象	简答
①在底部铺有细沙的锥形瓶中,放入一小块金属钠,塞紧橡皮塞,称量,用砝码使天平平衡。	称量前需_____
②取下锥形瓶,放在垫有石棉网的三脚架上微热,观察到金属钠着火燃烧,冷却后,再称量。	称量时观察到_____
③将锥形瓶塞取出一会儿后,盖上瓶塞,再称量。	称量时观察到_____

(4)得出结论:假设成立。

(5)依据以上实验事实,解释两位科学家的实验结论:

点评:以上例子是实验课题中常见的探究案例,充分展示了问题的可探究性。它重在考查学生的探究能力和探究方法,为学生今后探究生活中的其他问题引领了方向,对学生的可持续发展极为重要。在化学实验探究课堂中,正是这些问题的产生,才会正确引导学生一步步地进行探究,从而完成整个实验探究活动。

以上介绍了三种适合于化学课堂实验探究活动评价的方法。各种评价方法都有其优势与不足,化学实验探究活动评价不能只依赖一种方法,而要综合使用。

对学生实验探究评价的结果,可以采用定性报告(在写实性的记录基础上作分析性描述)与等级记分相结合的方式呈现,充分肯定学生的进步与发展,帮助学生较全面地认识自己,明确发展的方向和需要克服的弱点。

3.3.3　演示实验教学的评价实施

3.3.3.1　演示实验教学的评价结构

由于演示实验是教师在化学课堂上结合教学内容进行的有关实验操作,并用实验结果验证巩固知识,或者用实验过程引导学生探索实验结果,或者用示范型动作指导学生独立操作实验步骤,因此演示实验的评价主体是领导、教师同行和学生,评价对象是教师的演示实验教学活动。评价的目的在于了解教师的化学演示实验教学水平,以及了解学校有关化学实验教学的各个环节,包括存在的薄弱环节,从而为改进实验教学和提高实验教学质量提供依据。

3.3.3.2　演示实验教学的评价内容和标准

演示实验教学的评价内容及标准的制定,应紧紧围绕着演示实验的目的、准备、过程、方法和效果等具体内容(表 3-4)来确定。

表 3-4　化学演示实验评价标准

评价项目	评价标准	评价等级			
		优	良	中	差
实验目的	演示目的明确,演示内容符合教学目标,并与教学重点紧密结合				
实验准备	演示材料、用具准备充分,仪器调试完好无误,演示程序步骤熟练掌握				
实验过程	演示与讲解结合恰当,演示程序合理有序,演示有启发性,便于学生观察				
实验方法	演示方法科学、操作规范、动作熟练、示范性好				
实验效果	演示实验效果明显,与理论知识教学协调一致,课堂气氛活跃,学生参与意识强				
综合评价		总评等级			

3.3.3.3　演示实验教学的评价程序及方法

演示实验教学的评价作为评价的专题内容时,一般采取定性评价,其评价程序及方法大致如下:

(1)制定评价方案。

制定具体评价方案的依据是:①单元教学目标;②本单元的教学重点;③演示实验的评价指标和标准;④实验设施和仪器设备条件等。在学校实验条件允许的条件下,根据单元教学的教学目标和教学重点,以演示实验数量指标和标准为依据,制定具体演示实验的评价方案。

(2)收集评价材料。

演示实验教学的评价资料一般为定性资料,主要是领导、教师同行的听课记录和随堂填写的评价表。此外,也可以与主讲教师或全体化学教师或学生进行座谈,收集他们对学校实验教学及实验设施提出的改革意见。

(3)分析总结资料。

分析和总结演示实验教学的评价资料时,重点是教师的演示实验教学的水平,侧重于教师的实验操作技能、对实验仪器的调试技能以及演示实验的教学效果。此外,也可以分析有关化学实验教学及设施存在的薄弱环节。得出的评价结果应及时地反馈给教师和学校有关领导,以便改进实验教学工作。

3.3.4　学生实验教学的评价实施

3.3.4.1　学生实验教学的评价结构

学生实验是化学实验教学的主要形式,它是指学生在教师适当的指导下,利用一定的材料、药品、仪器设备,按照指定的条件验证巩固已学知识的实验操作或者独立完成探究性实验操作,以便探究学习新知识。

从实验目的而言,可将学生实验分为验证性实验和探究性试验。不管哪一类实验,评价的主体都包括领导、教师同行和学生。评价对象是教师的实验教学活动和学生的实验学习活动及效果。评价的目的在于调动化学教师参与实验教学研究的主体性和积极性,深入地探讨验证性试验和探究性实验的基本教学模式,不断总结和积累学生实验教学的成功经验,以改进化学实验教学和提高教学质量。通过对教师的实验教学活动的评价,可以较为全面地检查实验教学的实施状况和发现实验教学过程中存在的问题。通过对学生实验活动及效果的评价,不仅可以了解学生的实验观察能力、实验操作能力和实验探究能力,还可以观察到学生实验过程中情感态度和价值观方面的表现。

3.3.4.2　学生实验教学的评价内容和标准

学生实验评价是实现化学实验教学目标的基本保证和重要手段。学生实验教学评价内容较为复杂,既要测评实验教学过程中教师的教学行为,又要测评学生的实验观察能力、实验动作技能以及实验探究能力。另外,还涉及有关的认知领域和情感领域的学习目标。

学生实验教学中教师行为的评价包括实验教学态度、实验目的、实验准备、实验方法、实验程序、实验指导、实验效果、实验室管理等方面,其评价指标的具体标准如表 3-5 所示。

表 3-5　学生实验教学过程中教师行为评价标准

评价项目	评价标准	评价等级			
		优	良	中	差
实验教学态度	重视实验教学,教学设计认真,实验设计方案较好				
实验目的	目的明确,并与教学重点紧密结合,能激起学生兴趣,产生求知欲望				
实验准备	实验材料、用具准备充分,仪器调试完好无误				
实验方法	实验教学方法与理论知识、实验类型、学生的认知水平及接受能力相适应				
实验程序	实验程序科学合理,有利于实验进程的顺利实施				
实验指导	讲授实验要点简单明了,动作示范规范准确,指导学生实验熟练得法,并能引导学生灵活地分析实验结果				
实验效果	实验效果显著,学生的认知、技能、能力、情感达到了预期目标				
实验室管理	实验室环境卫生好,安全有保障,设备使用率、完好率高				
综合评价		总评等级			

　　学生实验教学中学生行为的评价内容包括知识与技能、过程与方法、情感态度与价值观三方面。在具体实施过程中,一般把学生实验教学过程中学生行为的评价内容分为以下两部分:

　　第一部分是每一次实验每个学生应进行的常规项目评价。常规项目评价一般包括实验预习情况、考勤与课堂纪律情况、实验观察与分析、常规仪器设备的操作、爱护公物、节约用品、清洁卫生习惯、实验报告等八个方面(表 3-6)。

表 3-6　学生实验过程中学生行为的评价标准(常规项目)

评价项目	评价标准	评价等级			
		优	良	中	差
实验预习情况	明确实验目的以及实验的重点内容,了解仪器设备的使用方法。实验预习报告的完成,并根据实验预习报告熟练地进行操作				
考勤与课堂纪律情况	按时上课,不迟到、不早退,遵守实验纪律,无大声喧哗现象				
实验观察与分析	对实验现象认真观察,并能及时记录,进行准确判断、分析				
常规仪器设备的操作	掌握仪器设备的使用要点,操作规范准确				
爱护公物	仪器设备、实验用具按规程摆放,无损坏、丢失现象				
节约用品	严格按照规定用量取用实验材料及药品,无浪费水、电现象,对于回收用品无乱扔乱倒现象				
清洁卫生习惯	仪器设备摆放整齐、主动搞好清洁卫生,保持台面、地面、水池等的清洁,并讲究个人卫生				
实验报告	书写格式正确,实验现象、数据记录准确,解释合理				
综合评价		总评等级			

　　常规项目评价的内容的主要依据是课程标准和教学内容,其目标是:一方面使学生掌握实验基本操作技能,使用常规仪器设备、材料及药品进行一般化学实验,并正确完成实验报告;另一方面使学生具有积极主动的学习态度,养成爱护公物、遵守纪律和严谨求实的科学作风。

　　第二部分是根据每个实验的具体情况,制定具体项目的评价,一般包括学生实验观察能力的评价、实验动作技能的评价、实验探究能力的评价以及学生实验过程中情感态度与价值观方面的评价等。

(1)实验观察能力的评价。

观察能力是主体认识事物特点的一种能力。它是有目的、有计划地并和思维活动紧密结合的、主动的知觉。这种能力在化学教学上的表现是指善于观察对象的细微变化及其本质特点的能力,包括观察对象的外部形态的能力,以及从个体水平、外部宏观现象水平、内部微观现象水平去观察物体的内部结构、功能及其机制的能力等。良好的观察能力应该是通过视、听、触、味觉等感觉器官能动地、客观地去进行动态的、定性定量的和综合性的观察。在观察过程中寻找、发现被观察对象的异同。所以这种能力不是单一的知觉能力,而是一种多因素的智力结构。

(2)实验动作技能的评价。

实验动作技能是指学生完成某个化学实验过程的动作技能表现的熟练程度。化学实验动作技能的评价,通常要求学生在规定时间内,按照规范化的实验程序和动作要领,完成某个实验的操作、观察和记录全过程,并得到符合一定标准的实验结果。因此,对学生实验动作技能的评价,既要测评学生的实验操作过程,也要测评其实验结果。

实验动作技能的过程性评价指标主要有:①准确性,即按照动作要领规范性操作无误;②熟练性,即实验技能动作迅速而协调,达到"自动化"水平;③敏捷性,即表现出一定的技巧;④应变性,即对实验过程中发生的意外或产生的异常实验现象能够给予妥善的处理,直至表现出一定的创造性。实验动作技能的结果评价指标有:①能否准确记录或描述实验过程;②是否得到正确的实验现象或结果;③能否合理分析和解释实验现象和结果,并得出符合实际的实验结论;④能否在规定的时间内完成实验任务。

(3)实验探究能力的评价。

化学作为众多化学事实和理论组成的知识体系,是人们在不断探究的过程中逐步发展起来的。探究也是学生认识客观世界、学习化学课程的有效方法之一。培养学生的探究能力是中学阶段化学课程的重要目标之一。在教学过程中,教师应关注学生在探究活动中逐步形成观察、归纳和发现问题的能力,逐步形成设计实验、调查研究、动手实验的能力,逐步形成收集和分析数据、表达和交流的能力等。教师应结合探究活动的全过程评价学生的探究能力。

对学生探究能力的评价应根据探究活动的类型来设计,例如对实验探究能力的评价可包括以下内容:

①提出问题和作出假设:确定一个可以通过探究活动回答的问题;说出与问题有关的背景知识;作出一种可检验的假设。

②制定实验计划：明确实验目的；陈述自变量和因变量的关系；描述观察或测量变量的关系；处理实验数据。

③实施实验计划：执行实验计划中规定的步骤；记录实验现象和数据；重复收集实验数据；处理实验数据。

④阐述和交流实验结果与结论：根据实验现象和实验数据得出结论；应用相关的化学知识解释结论；说出假设是否得到支持；完成实验报告；对探究过程进行反思和评价。

(4)学生实验过程中情感态度与价值观的评价。

学生的情感态度与价值观是学生心理发展的基本内容，在化学实验教学过程中，教师应密切关注学生的情感态度与价值观方面的进步以及良好行为习惯的养成。

3.3.4.3　学生实验教学的评价程序及方法

在当前的化学实验教学评价中，如何做好学生实验教学评价是一项重要的化学教学研究的课题。在学生实验教学中，评价教师行为时，一般采取定性评价，关键在于评价指标与标准的制定，其评价程序及方法与演示实验教学基本相同。

(1)制定评价具体方案。

对学生的化学实验观察能力和实验动作技能的评价，至今尚没有一个通用的评价指标及优化标准，通常是根据学生实验教学的课题内容来制定评价的具体方案。当前，评价学生的化学实验观察能力及有关的认知能力等，主要是根据学生提供的实验报告。在实验教学过程中学生填写的实验报告，是教师根据实验课题内容、实验教学目的、实验类型、实验教学方式和实验程序安排等设计的。实验内容和实验类型不同，学生实验报告的格式也不同。

(2)收集评价资料。

实验观察能力的评价资料主要来源于学生的实验报告。在学生实验教学过程中要求学生认真记录观察的实验现象，在实验观察之后，应给学生整理和完成实验报告的时间，并要求学生当堂交出实验报告，这样才能保证收集到准确可靠的评价资料。此外，在学生进行实验观察的过程中，教师和其他评价者要有目的、有顺序巡视学生的实验活动，注意发现能够反映出学生观察能力品质的不同等级的典型。实验动作技能的评价资料来源，主要是评价者依据具体的评价指标及标准，通过直接观察、记录学生实验操作的全过程，评定填写出一张相应的量化表格。

（3）分析总结资料。

根据实验报告，对学生的实验观察能力进行评价是一种相对评价。首先在批阅实验报告的基础上，按照学生的实验报告水平进行分类；然后，查找出实验观察过程中记录的不同等级的观察能力品质的典型，分析典型学生的观察能力水平是否能够反映所处同类别的一般水平；最后，为实验观察水平相近的学生评价相同的等级。

3.4　实验探究活动评价体系的确定

评价学生的实验探究活动，需要建立与之相适应的评价体系。确立评价体系首先应明确评价内容和评价标准，其次要设计相应的评价工具。

3.4.1　明确评价内容和评价标准

实验探究活动评价的内容体系要体现出实验探究学习的基本要素，即发现问题并提出问题的能力、提出假设的能力、制订实验探究方案的能力、搜集证据的能力、分析证据并形成结论的能力等。

3.4.1.1　发现问题并提出问题的能力

在美国哈佛大学的师生中流传着这样一句名言："The one real object of education is to have a man in the condition of continually asking questions."（教育的真正目的就是让人不断地提出问题）。"疑是思之始，学之端"（孔子语）。问题既是思维的起点，又是思维的动力。在化学新课程中，发现并提出问题的能力被作为科学探究能力的要素而受到高度重视。

在进行实验探究过程中，学生的探究活动同样是由问题开始的。学生能在已有的知识经验基础上进行实验，在认知冲突中产生问题，在实验异常现象中发现问题。不断发现、提出和解决问题，是成功实施实验探究的重要保证。不能提出问题，实验探究也就无从谈起。

评价学生的提出问题和发现问题的能力，要评价其对问题的科学表述，要看他们所提问题的数量，更要看其所提问题的质量。对学生提出问题的基本要求是：（1）能在课堂化学实验学习中，经过独立实验或启发发现应进一步进行探究的问题。（2）能比较清楚地表述所发现的问题。

学生在实验探究活动中的问题

【实验】

空气中氧气含量的测定。先把广口瓶的容积分成五等份,然后再进行实验。

【结论】

空气中氧气的含量约占空气体积的 1/5。

【发现新的问题】

既然我们要测空气中氧气的含量,但我们并不知道空气中氧气约占空气体积的 1/5,而为什么做实验时要先把广口瓶的容积分成五等份呢? 分成八等份、十等份不行吗?

像上述这些问题,都是学生经过认真观察、积极思考、大胆尝试后才发现的。遇到学生提出这样的问题,教师应当给予激励性评价,让学生产生再尝试、再创新的动力和信心。如:“你的观察很仔细,很了不起”“很好,再试一试”“你很富有创造精神”“这个问题提得很好,这个问题我都没有想到”“聪明的你一定还能想出更好的问题”。

3.4.1.2　提出假设的能力

在实验中发现问题后,学生要根据一定的科学知识、事实材料及自身经验对发现的问题作出推测性论断和假定性解释,这就是“猜想”或“假设”。

学生在实验探究中面对所要解决的问题,首先要围绕该问题搜索与此相关的信息,并利用已经掌握的相关化学知识对问题所包含的因果关系进行大胆地猜测,这是学生实验探究中重要的行为。提出假设的能力是学生实验探究能力的不可或缺的要素,也是学生创新能力的重要体现。

评价学生提出假设的能力,对学生的要求是:①能对实验中发现的问题提出可验证的假设;②能对提出的假设进行质疑。

实验探究中的提出假设

【问题情景】

学生观察盛放澄清石灰水的试剂瓶中溶液的情况,发现澄清石灰水的表面形成了一层白膜。

你们知道这白膜的成分吗? 说说你的猜想,并说明你猜想的理由。

【提出假设】

学生根据已有的化学知识和平时的积累经验,作出了三种可能的猜想:

猜想①:由于在放置过程中空气中的二氧化碳气体进入试剂瓶,二氧化碳与澄清石灰水反食,因此白膜的成分是碳酸钙;

猜想②:在放置过程中试剂瓶中的水会蒸发,水少了,氢氧化钙会析出,因此白膜的成分是氢氧化钙;

猜想③:也可能是碳酸氢钙。

3.4.1.3　制订实验探究方案的能力

在实验探究中,对问题提出的假设或猜想,必须通过再次实验进行证实或证伪。为使验证假设或猜想的实验能顺利而有效地进行,必须设计实验方案、制订实验计划。制订实验计划是实验探究过程中的重要环节,是假设或猜想的具体化和程序化。

一般说来,可通过多种途径制订实验探究方案,如查阅资料、调查访问、同学讨论等。具体说来,学生在制订实验探究方案时,不仅要考虑该实验的理论基础、实验方法,以及实验条件、程序步骤,还应充分考虑到可能遇到的问题与困难。

评价学生制订探究方案的能力,教师首先应该关心学生是否是积极主动地设计方案,是否是自己独立设计实验探究方案,评价学生制订方案的目标是否明确,提出的方案的思路是否清晰,对实验条件和可能遇到的问题是否考虑周全,探究步骤是否合理,设计的方案是否具有可行性,以此对学生制订实验探究方案的能力有一个全面、细致、客观的评价。

实验探究中的制订方案

某学生在探究"铁钉锈蚀的主要因素与影响因素",制订了如下探究方案:

试管①:铁钉所处的介质是酸、水、氧气;

试管②:铁钉所处的介质是氯化钠、水、氧气;

试管③:铁钉所处的介质是水、氧气;

试管④:铁钉所处的介质是水(迅速冷却的沸水中氧气极少);

试管⑤:铁钉所处的介质是氧气(生石灰或无水氯化钙是干燥剂,除去试管中的水)。

【评价】该学生在制订实验方案时,设计了五种不同环境下铁钉锈蚀实验,思路清晰,具有一定可行性,充分考虑到了铁钉锈蚀的条件,从而确保了实验结果的可靠性。

3.4.1.4　收集证据的能力

实验是学生在化学实验探究学习活动中收集证据的最主要途径,能否顺利实施实验探究方案,能否客观地记录实验事实是其收集证据能力的核心。评价学生收集证据的能力,要观察学生是否具有较强的实证意识,能否独立地或与他人合作完成实验并实事求是地记录实验结果,能否将实验结果用图表等形式加以表述等。

实验探究中的收集证据

在进行二氧化碳相对含量的测定时,根据探究实验步骤进行实验,完成以下实验数据记录。

(1)将 2 滴浓氨水滴入 500 mL 的蒸馏水中制成稀氨水,滴入 2 滴酚酞指示剂,使溶液呈淡红色,将配制好的溶液密闭保存在 500 mL 的细口瓶中。

(2)用 50 mL 注射器吸取上述加了指示剂的稀氨水 10 mL,到测定地点抽气到 50 mL 刻度处(即抽气 40 mL)。用食指堵住注射器的吸入口,用力振荡 2 min,然后将注射器的吸入口向上,小心地将余气排出。再如上述操作,抽气、振荡反复进行,直至红色恰好褪去为止。记录抽气次数 n_1。

(3)用同样方法在空旷地测定大气中二氧化碳的含量,记录抽气次数 n_2。将实验数据记录在表 3-7 中。

表 3-7　实验数据记录

时间 ＼ 地点	操场	教室	宿舍
20/10(8:10)			
20/10(8:20)			

3.4.1.5　分析证据并形成结论的能力

通过实验获得的数据等并不能等同于实验探究的结论。在实验探究过程中,研究者需要在收集大量实验事实的基础上,根据信息、事实或现象之间的关系,通过分析、比较、概括和归纳等方法,找出多个实验的因果关系及相互联系,从而形成正确、有效的实验结论。学生的实验探究过程就是为了获取新的解释与结论,学生需要将收集到的证据特别是实验事实与已有的知识联系起来,形成超越已有知识的新的理解。

评价学生分析证据并形成结论的能力,要考查学生对收集的数据能进行简单的加工和整理的能力,看学生判断实验事实与假设之间关系的能力,评价学生对自己获得的实验结果和数据进行归纳的能力,以及学生最终归纳、总结实验结论的能力。

实验探究中的形成结论

称取 4 份 0.5 g 的 $KClO_3$,再分别称取 0.1 g、0.2 g、0.4 g、0.6 g 的 Fe_2O_3 分别跟 4 份 $KClO_3$ 混合均匀。

把 4 份混合物分别装入 4 支试管中进行试验,记录从加热到产气终了的时间和产氧量。

将实验数据记录在表 3-8 中。

表 3-8　实验数据记录

编号	$KClO_3$	Fe_2O_3	质量比	时间	体积/mL	现象
1	0.5	0.1	5∶1	57	137	熔化
2	0.5	0.2	5∶2	58	145	熔化
3	0.5	0.4	5∶4	54	150	不熔化
4	0.5	0.6	5∶6	60	151	不熔化

结论:在上述实验中,我们可以看到,当氧化铁与氯酸钾质量比大于 4∶5 时,氯酸钾不氧化便放出氧气。由于氯酸钾氧化反应时会使反应不完全,反应后氯酸钾在试管壁上结晶,而且容易造成试管破裂。假如氯酸钾不熔化就放出氧气,就可以避免这些不利因素。

3.4.2　化学课堂实验探究活动的评价工具

有了对学生实验探究活动的评价标准,还要设计和制作相应的评价工具。在大多数情况下,这些评价工具通常以评价量表的形式呈现。

需要指出的是,由于实验探究活动的开放性,使得实验探究活动的评价标准具有多样性。不同的实验需要探究的目标是不同的,同一探究实验也可由于探究方法的不同或探究主体的不同而具有不同的探究方案和过程。

在不同的实验探究活动中,学生实验探究能力的提高程度也是不同的。因此为科学探究活动制订统一的评价标准或评价量表是不合适的,也是不切实际的。

对学生的实验探究活动进行评价,是一项全新的、极具挑战性的系统工程。建立和完善对学生实验探究活动的评价体系,需要全体化学教师的共同努力。

第4章 化学实验基本操作

化学实验研究内容主要包括研究现象的化学变化、物品的物理与化学性质等。化学实验室里常用的仪器、设备和材料品种繁多,规格多样。在学习之初,掌握这些仪器的基本用法及一些基本的化学实验操作是学生所必备的。

4.1 化学实验研究内容

4.1.1 化学变化

一般而言,化学变化通常伴随的现象有发光、放热、颜色变化、生成气体、生成沉淀等。这些都是属于化学实验研究内容,通过化学实验应该让学生充分感受到化学变化中的各种现象,体会这些不同现象背后所蕴含的实质是这些变化均生成了新的物质。

4.1.2 化学变化与物理变化的区别和联系

弄清化学变化与物理变化的区别和联系也是化学实验研究的一项内容。通过几个物理变化的例子,让学生进一步明确物理变化的过程中没有新物质生成。同时,通过物理变化和化学变化的对比,让学生了解在物理变化过程中不一定伴随着化学变化,但化学变化过程中一定伴随着物理变化。

例如,九年级的第一节化学课是学生一生中的第一节化学课。第一印象非常重要,它的作用是今后的教学无法撼动的。为了激发学生的学习兴趣,适当引入课外实验丰富课堂内容,同时在实验过程中设疑,引导学生体验对化学实验简单的分析过程。教师可以根据教学实际需要,灵活并合理地开发和使用教材。这样既吸引学生的注意力,同时又拉近与学生的距离,当学生对化学产生浓厚兴趣时,引发学生深入思考现象产生的原因,给学生足够的思考空间,并鼓励学生设计实验进行验证,将好奇心转化为深入学习的动力,学生也从常识性的探究活动中体验到初次成功带来的喜悦。虽然学生还没有学过实验设计,但学生已有的知识背景完全可以解决简单推理,这个教学过程不仅让学生感受化学的神秘,更让他们意识到化学学习的重要组成部分——探究现象背后的本质。

又如,教师可以通过一些趣味性实验设计激发学生的学习兴趣和好奇心。通过对化学研究对象和化学史的学习,使学生对化学有了更深入的了解,同时学生也注意到对物质变化的研究是化学的重要组成部分之一。用学生最熟悉的物质——纸做实验进行探究,通过变化前后的对比得出物理变化和化学变化的概念。

好的实验设计对激发学生的学习兴趣有非常显著的作用。以实验引入,再以实验结尾。前后呼应,可以凸显化学是一门与实验息息相关的学科。在对实验现象进行分析时,教师要引导学生进行严密的逻辑分析,并通过实验验证,看似陌生的探究过程却水到渠成,帮助学生树立学好化学的信心。

遗憾的是,课本中设计的实验均没有太多的创新,初中化学中增加现象明显、有趣又有一定神秘感的趣味实验是非常有意义的。所以教师完全可以寻找更有趣味性和探究性的实验来替代或补充,让实验课更精彩。

4.1.3　物理性质与化学性质

区分物理性质与化学性质也是化学实验研究的内容之一。物理性质主要是指颜色、状态、气味,熔沸点、硬度、密度、溶解性等;化学性质主要是指可燃性、氧化性、助燃性、还原性、酸性、碱性等。

通过对一些物质的物理性质进行实验探究,了解判断某种性质是否属于物理性质的依据是该性质是否需要通过化学变化来体现。

通过对一些物质的化学性质进行实验探究,了解判断某种性质是否属于化学性质的依据是该性质是否能在化学变化中来体现。

通过实验让学生知道化学性质一定要在化学变化中体现出来。让学生明白两种变化的关系,通过实验说明物质发生不同变化的原因是具有不同的性质。从学生已有的知识背景出发,便于学生的接受与思考,有利于构建合理的知识体系。

这是"物质的变化与性质"的第三课时的学习内容。经过三课时的学习。学生对化学学科有了初步的认识,同时对物质的变化和性质也有了一定的理解,但我们认为这三课时最重要的教学任务是使学生发自内心的感受——化学使世界更美好,对化学感兴趣,热爱化学,热爱生活。首先,它充分体现了梯度目标的要求——在物质变化基础上理解物理性质和化学性质,并能判断物质的性质。整个教学过程都是从学生已有知识背景出发,启发学生深入思考。这样学生对物质的性质就有更深入的认识。其次,通过对大理石、镁、石灰水等物质的实际用途的联想,初次感悟"物质用途"和"物质性质"之间的联系——性质决定用途,既提高了学生的学习兴趣和化学素养,又将化学与生活紧密联系在一起,帮助学生架起理论与实际之间的桥梁。

4.1.4 测定空气的成分

通过对空气含量的测定,学生既可以认识到空气的成分中氧气的大致含量,也可以体验到科学探究的过程。例如,初中化学实验中红磷(或白磷)的燃烧、铜丝与氧气的反应等都可以说明这一问题。

建议教师引导学生思考测定空气中氧气含量的实验思路:如何将密闭容器中氧气完全消耗,且不产生新气体?(若产生气体,则应该进一步考虑如何吸收反应生成的气体)如何测得氧气消耗的体积?然后引导学生分析清楚所用实验反应原理、实验装置、操作要领,最后再把学生的思路发散开来:你还能设计怎样的实验测定空气中的氧气含量?

通过该类实验,除了引导学生完成对实验原理和装置的探究外,还有一个重要意义,就是改变学生对化学实验的认识:从"具有有趣的现象"转变为"有实际科学意义的研究手段"。

实验中,教师还要敢于改造教材,例如,在对教材进行深入分析后,改变教材上的讲授顺序,经过重新设计,突破原有的难点,让学生体验知识的应用过程及其重要性。考虑到学生在《科学》教材中已经学习过空气的成分,所以这种改造既有基础,也有必要。教师鼓励学生勇于挑战,并从分析中得到启发,从而开启探究之路。同时教师引导学生从失败的实验中找原因,不气馁,勇于反复尝试,锲而不舍的精神感染了每一位学生。

4.2 常用实验仪器

4.2.1 可加热的仪器

常用玻璃仪器,根据用途和结构特征,一般可分为:可加热器皿、计量仪器、瓶类、器皿类和管类等。它们当中有些是通用仪器,有些是精密仪器。

4.2.1.1　试管

试管(图 4-1)主要用作少量试剂的反应容器,在常温或加热时使用。有时它用于制取、收集少量气体,作简易气体发生器或洗气装置,进行溶解或小量蒸馏用。

图 4-1　试管

使用方法和注意事项:

(1)试管内所盛液体试剂总量,不得超过试管容积的 1/3。便于振荡和防止沸腾时溢出。

(2)振荡时,用手指夹持试管上端,用腕力使试管底部来回甩动。不可用手指堵住试管口振荡。加快溶解或混合均匀,以免污染。

(3)加热前外壁无水滴,加热时管口不要对着人,要使试管与桌面的夹角保持在 45°左右,同时不断振荡。防止试管受热不均而破裂和液体溅出伤人。

(4)加热固体时,管口略向下倾斜。防止试管因冷凝水回流而炸裂。

(5)盛固体粉末状药品,应用纸槽送入试管底部;盛固体颗粒或块状药品,应将试管倾斜,使其沿管壁缓慢滑下;向试管中倾注液体试剂时,试管应略倾斜接着试剂瓶口,使试液沿管壁缓慢流入。防止粉末沾满管壁和固体块状药品打破管底。

(6)加热后不能骤冷,防止炸裂。

4.2.1.2　烧杯

烧杯(图 4-2)常用于配制溶液,加速固体物质的溶解或加热较多量的液体;也可作为较多量物质的反应器。

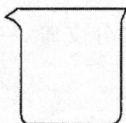

图 4-2　烧杯

使用方法和注意事项:

(1)加热前,先擦干外壁、底部;加热时应放在石棉网上或电热板上,使其受热均匀。防止局部温度过热而使烧杯破裂。不能用空烧杯干烧,也不能用火焰直接加热。因为底部面积大,直接加热玻璃,会使其受热不均而易爆裂。

(2)作为反应器时,试剂总量不得超过烧杯容量的 2/3,需加热时,液体总量,一般不超过容量的 1/3。防止搅动时液体溅出或沸腾时液体外溢。

(3)配制溶液时,所盛放溶液量为容积的 1/2 最佳。

(4)不可用烧杯长期存放化学试剂,也不可用烧杯作餐具、茶具。防止试剂变质,保证安全。拿烧杯时,应用手拿烧杯外壁,手指不要接触内壁。防止污染。

4.2.1.3　烧瓶

烧瓶(图 4-3)常用作在加热条件下完成各种反应的反应器;有时也用于蒸馏或用于装配制取少量气体的发生装置。

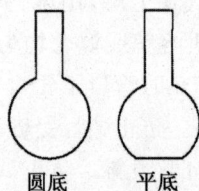

圆底　平底

图 4-3　烧瓶

使用方法和注意事项:

(1)盛放液体总量一般不超过容量的 2/3,也不能太少。防止加热时液体喷溅或烧瓶破裂。

(2)加热时,要擦干外壁,并固定在铁架台上,垫上石棉网,不能直接用火焰加热。防止烧瓶受热不均而破裂。

(3)用作加热条件下的反应器或蒸馏时,一般用圆底烧瓶而不用平底烧瓶。因为平底烧瓶体胀系数小,受热易破裂。

(4)平底烧瓶常用来装配洗瓶。稳定性好。

(5)取用蒸馏烧瓶时,不能拿分支管,一定要拿颈部或球体部位。防止折断分支管。

4.2.1.4　蒸发皿

蒸发皿(图 4-4)常用于蒸发、浓缩液体得到结晶体或干燥固体。

图 4-4　蒸发皿

使用方法和注意事项：

(1)玻璃质的蒸发皿,加热时,不能用火焰直接加热,应垫石棉网。防止受热不均而炸裂。

(2)溶液量不得超过容器容积的 2/3,防止溶液沸腾外溢。

(3)热的蒸发皿不能直接放在实验台上,经过较高温度加热的蒸发皿,用毕后,应用预热过的坩埚钳取下,放在石棉网或三脚架上,让它慢慢冷却。切勿骤冷。防止蒸发皿因温度急骤变化而破裂或烧坏桌面。

(4)液体性质不同,应选用不同质的蒸发皿。防止腐蚀或损坏。

(5)移动热的蒸发皿不能用手,以防烫伤,应该用坩埚钳夹取。

4.2.1.5　锥形瓶

锥形瓶(图 4-5)常用作反应器;容量分析时作滴定容量器;蒸馏时作馏液接收器;也可作少量气体发生器。

图 4-5　锥形瓶

使用方法和注意事项：

(1)作为反应器时,盛放溶液总量一般不超过容量的 1/3。防止震荡时液体溅出。

(2)加热时,先擦干外壁,垫在石棉网上或置于水浴中进行。防止受热不均而炸裂。

(3)振荡时,用手指拿住锥形瓶的颈部,用腕力以手腕作支点,使锥形瓶做圆周运动,不能上下振动或左右摆动。防止液体溅出瓶外。

4.2.1.6　曲颈瓶

曲颈瓶(图 4-6)常作为蒸馏器和反应器。

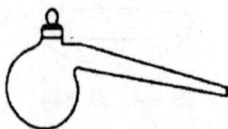

图 4-6　曲颈瓶

使用方法和注意事项：

(1)作为蒸馏器或反应器时,盛液体总量一般不超过容量的 1/3。防止沸腾时液体冲出。

(2)不能用火焰直接加热,加热时应垫石棉网或在水浴中进行。防止受热不均而炸裂。

(3)拿曲颈瓶时,不能拿握颈部,特别是颈下部,应拿球体部位。防止颈部断裂。

4.2.1.7　燃烧匙

燃烧匙(图 4-7)用于燃烧实验中盛放可燃性物质。

图 4-7　燃烧匙

使用方法和注意事项：

(1)作可燃性实验时,燃烧匙应缓缓放入集气瓶中,但不能接触瓶底、瓶壁。防止集气瓶受热不均而破裂。

(2)活泼金属燃烧时,燃烧匙中应铺放石棉或细沙,防止反应中温度过高而烧熔焊接点。

(3)燃烧匙用完后,应立即洗净、擦干。防止腐蚀。

4.2.2　计量仪器

4.2.2.1　量筒、量杯

量筒、量杯(图 4-8)常用于量取要求精度不太高的一定体积的液体。

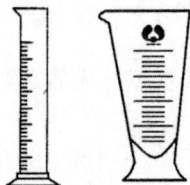

图 4-8　量筒、量杯

使用方法和注意事项：

(1)使用前,先要清楚量筒的分度值和起始分度,分度值按自下而上的顺序递增排列。分度表不是由器底刻起,而是从相当于全量筒的 1/10 开始刻起。

(2)不能加热,也不能量取热液体,更不能在量筒内配制溶液或做固体溶解的实验。防止炸裂或容积取量不准确。

(3)使用量筒时应竖直放在水平桌面上,读数时,视线应与液面最凹点在同一水平面上,读取与液体弯月面相切的刻度值。这样读数取值较准确。

(4)量取已知体积的液体,应选择比已知体积稍大的量筒,以减少误差。量杯使用方法和注意事项同量筒,但量杯的精确度比量筒更差。

4.2.2.2　胶头滴管

胶头滴管(图 4-9)用于吸取和滴加少液体(每 20 滴约为 1 mL)。

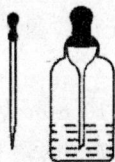

图 4-9　胶头滴管

使用方法和注意事项：

(1)滴瓶上的滴管与滴瓶配套使用。滴加液体时不得伸入容器内不得与反应器接触防止沾污滴管。

(2)吸液后的滴管应保持橡胶乳头在上不要平放或倒置。

(3)取液体时滴管要直立平移,防止试液倒流腐蚀橡胶乳头不要把滴管在实验台或其他地方。

(4)用过的胶头滴管应立即洗净再去吸取其他药品。

4.2.2.3 移液管(吸管)

移液管(图 4-10)用来精确量取一定容积的溶液。

（无分度）

图 4-10　移液管

使用方法和注意事项：

(1)使用前要洗净；使用时，先用少量的所取溶液淋洗 2～3 次。保证溶液的浓度、纯度不变。

(2)取液时，管尖应深入液面 10 mm 左右，并随液面下降而下移。不宜插入过深或过浅；不能通过移液管向溶液里吹气。取液时，使液面超过刻度，然后用食指按住上管口，轻轻转动放气，使液面降至刻度，放液时让其自然流入容器内，放完时使管尖与容器壁成 15°左右夹角接触数秒时间。防止吸空或吸入气泡，减少误差，以免试剂变质，确保量取准确。

(3)移液管残留的最后一滴液体不要吹出。因为制造移液管时已考虑到。

(4)使用移液管时，不能用手握中间粗大部分。防止因受热而引起误差。

4.2.2.4 称量瓶

称量瓶(图 4-11)常用于称取易散失、易溶解、易挥发或具有腐蚀性的实验药品。

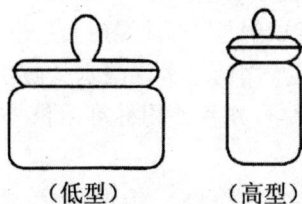

（低型）　　（高型）

图 4-11　称量瓶

使用方法和注意事项：

(1)使用前,应洗刷干净、烘干(不能用火焰直接烤干),在干燥器内冷却到室温时使用。防止污染或受热不均而炸裂。

(2)不可用手直接拿取,应用结实干燥的纸袋套在称量瓶的中上部位夹取。防止手指沾污,影响称量的准确性。

(3)盖子是磨口配套的,不得丢失、弄错。不用时应洗刷干净,并在磨口处垫一纸条。防止药品沾污和粘连。

4.2.2.5　滴定管

滴定管(图 4-12)专门用于容量分析滴定的较精密的仪器。

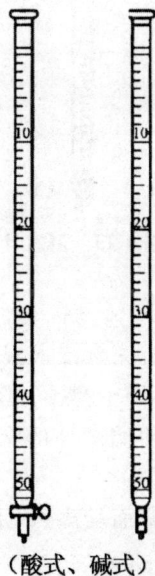

（酸式、碱式）

图 4-12　滴定管

使用方法和注意事项：

(1)使用前,必须进行试漏检查,试漏时,活塞不涂凡士林,注水到最高标线,垂直静置几分钟,观察阀门是否渗漏水。防止影响实验的精确度。

(2)使用前,要洗刷干净,并且要用标准溶液淋洗 3 次。保证标准溶液浓度不变。

(3)注入标准溶液后,管内不得有气泡,有气泡必须排除。保证读数的准确性。

(4)酸式滴定管不能和碱式滴定管调换使用。防止酸液腐蚀胶管,碱液使阀门粘连而损坏。

4.2.2.6　温度计

温度计(图 4-13)用于测量、控制反应温度。

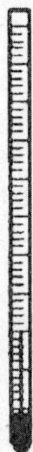

图 4-13　温度计

使用方法和注意事项：

(1)测量液体温度时,液泡应完全浸入液体中,而且不应与器壁相碰,避免剧烈振动,也不能当作玻璃棒用于搅拌。防止测温不准确或损坏。

(2)不能倒拿振击,也不能使温度计的温度遭受剧烈变化或超量使用。防止水银柱分段断裂或液泡破裂。

(3)读数时,视线应与液柱弯面最高点(汞温度计)或最低点(酒精、煤油温度计)保持水平。防止读数不准确。

4.2.2.7　比重计

比重计(图 4-14)是一种能迅速测定液体密度(比重)的计量仪器。

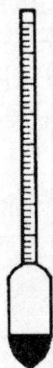

图 4-14　比重计

使用方法和注意事项：

(1)使用时,先在大量筒内注入待测液体,用手扶住比重计的上端慢慢放入量筒中,待完全稳定后再读数。不能与量筒壁接触。

(2)读数时,视线要与液面保持水平,如要求严格,还应测定液体温度进行校正。防止撞破比重计和影响读数的正确性。

(3)测完,将比重计洗净擦干,放回盒中。经过校正后的数据更准确。

4.2.2.8　托盘天平

托盘天平(图 4-15)用于称量固体药品和其他物质的质量。

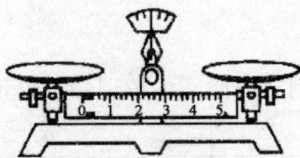

图 4-15　托盘天平

使用方法和注意事项：

(1)称量前先把游码放在标尺的零刻度处,检查天平摆动是否平衡、灵活,切不可用手阻止天平的摆动,以免损坏刀口。调节左右两端的平衡螺母使天平平衡。

(2)称量物放在左盘,砝码放在右盘;添加砝码时不能用手直接拿取,以免污染、锈蚀砝码,应用镊子夹取;加砝码时,要对被称物(包括容器)进行估重,而后按先大后小的顺序添加砝码,最后调节游码,直至指针两边摆动距离相等时为止。

（3）称量固体药品不能直接放在托盘上，应在天平的两个托盘上各放一张相同质量的纸，把药品放在纸上称量；易潮解或具有腐蚀性的药品，必须放在玻璃器皿（如小烧杯、表面皿）里称量，防止沾污或腐蚀托盘。

（4）不能称量热的物体，也不能称量过重的物品（其质量不能超过天平的最大称量范围）。

（5）称完毕后，应把砝码放进砝码盒中，把游码移回零处。要保持台秤清洁，托盘上有药品时应立即擦净。

4.2.3 存放物质的仪器

4.2.3.1 集气瓶

集气瓶（图 4-16）用作收集或贮存少量气体的容器，有时进行物质和气体间的反应。做固体在气体里燃烧的实验时，也要用集气瓶。

图 4-16 集气瓶

使用方法和注意事项：

（1）集气瓶不能被不能加热。防止炸裂。

（2）收集气体后，集气瓶要用毛玻璃片盖住瓶口，直立在桌上。防止气体逸出。

（3）做固体在气体里燃烧的实验时，集气瓶的底部应放少许水或砂子。防止熔融物滴落，使瓶底受热不均而炸裂。

4.2.3.2 储气瓶

储气瓶（图 4-17）常用于实验室中短期储存少量气体。

图 4-17 储气瓶

使用方法和注意事项：

（1）储存难溶于水的气体时，用水作液封介质。防止漏气。

（2）储存易溶于水的气体时，需要根据情况采取不同的措施。如储存氯气,可用饱和食盐水作液封介质;储存二氧化硫,可在水面上倒一层石蜡油,使气体和水隔开。因氯气在饱和食盐水中溶解度很小。

(3)储气前,要先排尽空气或原来储入的气体。防止影响储入气体的纯度或可能引起的爆炸事故。

(4)一个储气瓶只能储存一种气体,切不可把两种可发生反应的气体混合储存。防止引起爆炸。

4.2.3.3　广口瓶

广口瓶(图 4-18)用于储存固体或糊状试剂。棕色瓶用于储存见光易分解易变质的试剂。

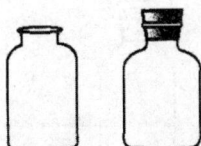

图 4-18　广口瓶

使用方法和注意事项:

(1)不能盛装热液,也不能加热。具磨口塞的不能储存碱性试剂。防止炸裂或瓶塞粘连。

(2)应以拇指、食指和中指打开瓶塞,使磨砂塞头向上倒立在桌面上。磨砂塞不得乱放,以免搞错弄脏。取完试剂后及时盖上塞子。防止将污物带入瓶内,污染试剂。

(3)广口瓶与集气瓶的差别在于瓶口磨砂部位不同:集气瓶瓶口上磨砂;广口瓶瓶颈内壁磨砂。密封方法不同。

4.2.3.4　细口瓶

细口瓶(图 4-19)用于储存液体试剂。棕色瓶适宜储存见光易分解或易变质的液体试剂。

图 4-19　细口瓶

使用方法和注意事项：

(1)不能加热，也不能盛装热液。防止炸裂。

(2)磨砂塞与瓶的密合性要好，打开瓶塞的方法同广口瓶。防止挥发、沾污试剂。

(3)储存碱性试剂，应选用塑料塞细口瓶，不能用磨砂塞，防止粘连。

(4)磨砂塞细口瓶，不用时应刷洗干净，并在瓶塞与瓶口磨砂间夹一纸条。防止粘连或不易打开。

4.2.3.5 下口瓶

下口瓶(图 4-20)用于存放液体。

图 4-20　下口瓶

使用方法和注意事项：

(1)不能盛装热溶液，也不能加热。防止炸裂。

(2)使用较大的具接嘴下口瓶，由于液体压力较大，有可能把下口塞冲掉，所以应加一副加塞板。防止液体冲出。

(3)取液时，应将上口磨砂塞松动一下。防止瓶内压力减小，液体流不出来。

4.2.3.6 滴瓶

滴瓶(图 4-21)用于盛放液体药品，多用作存放按滴消耗试剂的小型液体容器。

图 4-21　滴瓶

使用方法和注意事项:

(1)不能盛装热液,也不能加热。防止炸裂。

(2)滴瓶上的滴管与滴瓶配套使用,某一滴瓶上的滴管不能取用其他滴瓶的药品,防止污染试剂。

(3)用滴管吸液时,取出胶帽滴管,先排除管内空气,再插入滴瓶内吸液,不能在瓶内反复捏挤胶帽。防止挤入空气与试剂反应或吸得太满。吸液不能太满,更不能吸液后倒置。用后立即放回原滴瓶。防止污染、腐蚀胶帽。

(4)使用滴管时,应用中指和无名指夹住胶帽与玻璃管连接的颈部,用拇指和食指捏胶帽吸或挤出试剂。防止胶帽与玻璃管脱落。

4.2.4　分离物质的仪器

4.2.4.1　漏斗

漏斗(图 4-22)用作过滤器(配上滤纸分离固液混合物)或用于向小口径容器内加液等。

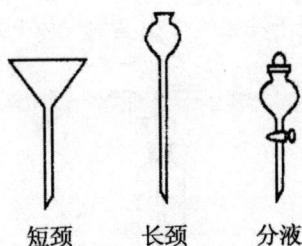

短颈　　长颈　　分液

图 4-22　漏斗

使用方法和注意事项:

(1)不可直接在火焰上加热。防止炸裂。

(2)根据沉淀物不能充满到滤纸的 1/2 高度这一要求来选择漏斗的大小。防止过滤太慢,便于洗涤。

(3)过滤前,漏斗应放在铁架台的漏斗架上,使下端的管口尖紧贴受器内壁。防止滤液溅出。

(4)过滤时,滤纸的边缘要比漏斗口稍低 $2\sim3$ mm,并紧贴漏斗壁,中间不要有气泡,防止滤液流到滤纸外;倾入滤物的液面也应低于滤纸边缘 $2\sim3$ mm。防止悬浮沉淀物溢出或渗入滤液。

(5)用长颈漏斗作加液器。组装气体发生装置时,颈底部应插入液面内。防止气体自漏斗逸出。

4.2.4.2 洗瓶

洗瓶(图 4-23)用于喷注细股蒸馏水冲洗沉淀、洗去污物。

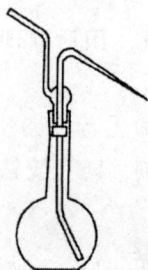

图 4-23 洗瓶

使用方法和注意事项:一般在常温下使用,如实验需要热的洗涤水时,应将玻璃洗瓶放在水浴中或隔着石棉网加热。

4.2.4.3 洗气瓶

洗气瓶(图 4-24)常用于洗去气体中其他气体杂质,也可以作安全瓶用。

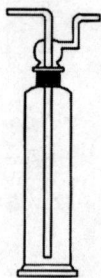

图 4-24 洗气瓶

使用方法和注意事项:

(1)连接方法一定要正确,进气管一定要通入液体中。否则达不到洗气目的。

(2)洗气瓶内的洗涤液,不得低于洗气瓶容积高度的 1/3,也不能超过容积高度的 2/3。防止洗涤不彻底或洗涤液鼓泡冲出。

4.2.5　夹持仪器

4.2.5.1　镊子

镊子(图 4-25)用来夹取砝码(专用)或块状药品。

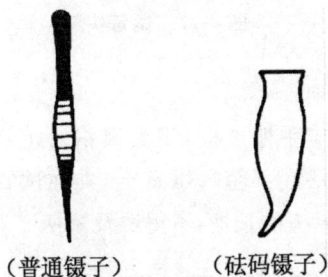

（普通镊子）　　　（砝码镊子）

图 4-25　镊子

使用方法和注意事项：

(1)砝码专用镊子只能夹取砝码,不能兼做其他用途。普通镊子不能用来夹取砝码。防止污染砝码,使称量不准确。

(2)镊子在夹取药品后,应及时洗擦干净。防止受腐蚀。

(3)镊子不能代替坩埚钳使用。防止夹取时坩埚脱落。

4.2.5.2　坩埚钳

坩埚钳(图 4-26)用来夹取热的坩埚、蒸发皿等,有时也用来夹取金属丝(条)状物作燃烧实验用。

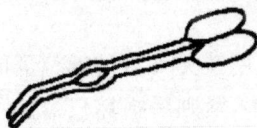

图 4-26　坩埚钳

使用方法和注意事项：

(1)夹取灼热的器皿时,一定要预热坩埚钳。防止器皿因骤冷而破裂。

(2)夹取瓷质器皿,不能用力过猛,夹取灼热的器皿后,器皿和坩埚钳不能放在桌面上,而应放在石棉网上。防止夹碎、烧焦桌面。

4.2.5.3 试管夹

试管夹(图 4-27)用于夹持试管加热。

图 4-27 试管夹

使用方法和注意事项：

(1)使用试管夹时,应手棚长柄,用大拇指对短柄施加压力,控制试管夹的夹紧或松开。试管应从底部套入试管夹,夹在试管的中上部。

(2)加热时,手握试管夹的长柄,不得触及短柄。不要烧坏或腐蚀试管夹。

4.2.5.4 铁架台

铁架台(图 4-28)用于固定和支持各种仪器,一般常用于过滤、加热等实验操作。

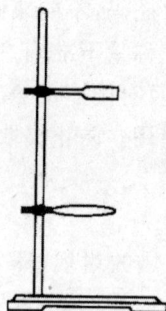

图 4-28 铁架台

使用方法和注意事项：用铁夹夹持玻璃仪器时,勿过松、过紧,应以仪器不能移动为准。松则易脱落,紧则易损坏仪器。

4.2.6 其他仪器

4.2.6.1 玻璃棒

玻璃棒(图 4-29)用于搅拌溶液,防止局部温度过高造成液体飞溅,或加快固体溶解,或加快反应速率;也可使固体或溶液混合均匀;溶解、过滤时,用于引流或转移晶体;蘸取少量溶液,用以检验溶液的性质。

图 4-29　玻璃棒

使用方法和注意事项:每次实验后必须洗净玻璃棒防止沾污试剂。

4.2.6.2　水槽

水槽(图 4-30)用作贮水的容器,它常与集气瓶配合使用,用排水法收集气体。

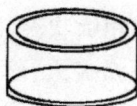

图 4-30　水槽

使用方法和注意事项:不能被加热,也不能用来盛过度过高的热水,防止损坏水槽。

4.2.6.3　药匙

药匙(图 4-31)用于取少量粉末或小颗粒状固体药品。

图 4-31　药匙

使用方法和注意事项:要保持药匙的洁净,防止沾污试剂。物质取用量多时用大匙,量少时用小匙。

4.2.6.4　酒精灯

酒精灯(图 4-32)用作热源,实验室最常用的加热仪器。灯焰分为焰心、内焰、外焰三个部分。外焰温度最高,应用外焰部分对物质或容器进行加热。

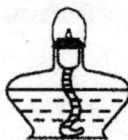

图 4-32　酒精灯

使用方法和注意事项：

(1)酒精灯的酒精量不超过其容积的 2/3,不少于其容积的 1/3。防止发生爆炸起火。

(2)添加酒精时,必须先熄灭灯焰,待灯身稍冷时再注入酒精。点燃时用火柴,绝对禁止用燃着的酒精灯引燃另一只酒精灯。绝对禁止向燃着的酒精灯里添加酒精,防止酒精溢出起火。

(3)使用时,取下灯帽并竖直放在灯旁;将灯芯用镊子理平使之长短适合,剪去烧焦的部分,然后用火柴或细木条点燃。防止发生火灾,或因火苗不正常而达不到理想的温度。

(4)熄灭时用灯帽盖灭,不能用嘴吹灭,防止火焰进入灯内,造成灯内酒精起火。正确的做法是必须用灯帽盖灭,然后把灯帽再提一下放走部分热的酒精蒸气,盖好灯帽,以保证灯帽内外压强一致。

(5)使用时,燃着时间不宜太长,若使用时间较长时,需用湿布将灯身包围;随用随点燃,不用时及时盖好灯帽。防止灯内充满蒸气引起爆炸;灯芯上有残留水分后不易点燃。

4.3　化学实验的基本操作

4.3.1　器材的加工

4.3.1.1　玻璃的加工

(1)玻璃管的截割方法。主要有锉刀切割法、加热切割法、电热切割法、玻璃熔珠切割法等。现将最常用的锉刀切割法详细介绍如下:把玻璃管平放在桌子边缘,按所需长度在截割处用三用锉的棱锋锉出约为玻璃圆周长的 1/3~1/5 细痕。锉时,用左手按住玻璃管,右手拿锉刀,在需截割处向前推(或前后拉),并将玻璃管向相反方向旋转(图 4-33)。锉刀不能在玻璃管上来回锉,这样不紧会损坏锉刀,还会使截断断口不齐。为了降低玻璃管的强度和避免锉刀棱锋受热处退火,可用抹布或棉花蘸取少量水或煤油将刻画处涂湿。玻璃管被锉出细痕后,可用双手的食指和拇指握住玻璃管,锉痕向外,双手的食指抵住锉痕的对面,用七分拉力和三分折力的合力将玻璃管拉断(图 4-34)。这种方法适用于较细玻璃管的截割。

图 4-33　玻璃管的锉痕　　　图 4-34　玻璃管的折断

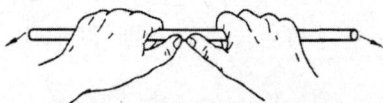

(2)截面的平整。玻璃管(瓶)被截断后,由于断面较锋利,不但易割破手指,而且还不易进行实验操作,因此必须对截面进行加工。较细的玻璃管应首先在断面蘸些水或煤油,用锉刀或砂轮打平,然后把断面放在火焰上加热。加热时,应不停地转动玻璃管,使其受热均匀,动作要慢,到发红时离开火焰,放到石棉网上冷却后即成为平整圆滑的截面。玻璃瓶断面的平整,可在平板玻璃上将水和细砂调成糊状,然后将玻璃瓶的断面在上面摩擦即可磨平。

(3)玻璃管的弯曲。玻璃管的弯曲主要有以下几种:

①直管弯曲:实验室里一般在酒精喷灯上弯曲玻璃管。为了增大受热面积,应将玻璃管斜放在火焰中加热;加热时,两手平握玻璃管的两端,掌心向上,并不停地转动玻璃管,使其受热均匀。当玻璃管被烧到红软而未自动变形前,离开火焰,轻轻向上托,接着下坠的力弯成所需要的角度。120°以上的角度,可以一次弯成,较小的锐角可分几次弯成。操作时两手要均衡,不能内挤外拉,更不能扭动(图 4-35)。

(a) 弯曲较好的玻璃管图形　　(b)　弯曲不符合要求的玻璃管

图 4-35　弯曲玻璃管的好坏标准

②装填充物弯曲:若直接弯曲玻璃管无把握,可采用填充物法弯曲。首先向玻璃管中塞入一小团玻璃纤维,然后加入细砂或炒干研细的食盐,再按上述方法进行操作。这种方法简单易行,成功率高。

(4)玻璃管的拉细。两手平托玻璃管的两端,两肘放在桌子上,面对喷灯,将需拉尖嘴处左右各 2~3 cm 的一段玻璃管均匀加热,并不停地转动。待玻璃管烧到很软时,两手稍内挤压,使管壁加厚,继续加热,直到玻璃管稍显凹形时,离开火焰,慢慢地将玻璃管向两边拉开。拉开时,要用手指将玻璃管时而向前捻转,时而向后捻转。以使玻璃管不致因下面部分先冷却而拉得不对称。拉到一定距离后,稍待片刻,待凝固后放到石棉网上,待完全冷却后再小心折断,断面应在酒精灯火焰上稍加热,以使管口圆滑。

(5)玻璃管口扩大与封死的方法。

①玻璃管口的扩大,自制一个扩孔器(图 4-36),可用铁丝、铁片或炭化的木质做。首先把需扩口的玻璃管口加热,同时预热扩口器。当玻璃管口软化时,立即用扩口器扩孔。扩孔时要不停地转动扩孔器,以保持管口呈圆形,直到扩大到所需要的程度,再进行冷却。

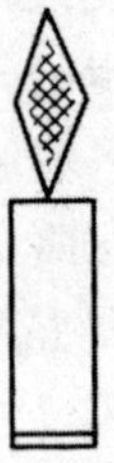

图 4-36　扩孔器

②玻璃管口的封死,首先把玻璃管拉成尖嘴形,然后在主细管根部加热,则主细管折断,从而被封死。此时封死处尚有一凸出部分,因此还要继续加热,待凸出部分完全变软时移出火焰,同时用嘴从喷管口的另一端小心地吹气,直到呈圆形时为止。

4.3.1.2　塞子的加工与装配

(1)软木塞的压榨。选用软木塞时,应选取比容器口径稍大一点的。为了防止软木塞质松漏气,使用前需在压塞机上压紧。实验室常用的压塞机有回转式压塞机和槽式压塞机两种(图 4-37)。

图 4-37　压塞机

　　压塞前最好用热水把软木塞浸泡一下,这样可避免把软木塞压破。使用回转式压塞机时,先把塞子夹在半圆体内,再将圆轮上的柄上下撅动,使塞子逐渐滚入狭窄处而被压紧。使用槽式压塞机时,用左手持塞子,将塞子小端一半放在压塞机的凹槽内,右手执压塞机的柄轻轻下压,边压边转动塞子,使塞子各部分受到相同的压力,直到压到大小合适时为止。

　　(2)塞子的钻孔。选好口径适合的钻孔器,如果是在软木塞上钻孔,所选钻孔器的外径应等于或略小于欲插入玻璃管的外径;若是在橡皮塞上打孔,由于橡皮有弹性,钻孔器的外径应略大于欲插入玻璃管的外径,这样可以使玻璃管插入孔内后紧密、不漏气。打孔时,把塞子大的一头平放在桌面的木板上,使小的一头朝上,从小头开始钻孔(图 4-38)。为减少摩擦,可先在钻孔器的刃边蘸些肥皂和清水,然后用左手握住塞子,右手持钻孔器,沿一个方向垂直向下转动,约占一半深度时,向相反方向转动,退出钻孔器。再从塞子大头开始,对准原孔方向,按同样的方法直到钻通为止。最后,用铁钎推出钻孔器内的塞芯。

图 4-38　钻孔的方法

　　(3)塞子的装配。把玻璃管插入塞孔时,应先蘸点肥皂水、甘油或清水,同时用毛巾把玻璃管包住,在玻璃管端 2～3 cm 处,用左手拿住塞子,右手握住玻璃管,边插边拧,直到合适时为止。操作时不能用力过猛,以防玻璃管断裂扎破手。

　　把塞子往容器口塞时,以塞入 1/2 为宜。塞时不能把容器放在桌子上硬压,应用手拿着轻轻地旋拧(图 4-39)。

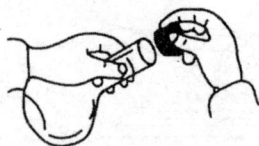

图 4-39　用橡皮塞塞住烧瓶口

4.3.2　药品的取用

学习固体药品和液体药品的取用方法之前需要准备试管、镊子、托盘天平、两张大小相同的纸、药匙、量筒、滴管、小烧杯、石灰石、粉末、食盐、稀盐酸、蒸馏水等。

4.3.2.1　取用原则

取用化学药品要遵循维护药品洁净、保证安全的基本原则。为此要注意以下几点：

（1）取用药品遵守"三不"原则：不能用手接触药品，不要把鼻孔凑到容器口去闻药品（特别是气体）的气味，不得尝任何药品的味道。

（2）节约药品。一般要求严格按实验规定的最取用药品。如果没有说明用量，一般应该按最少量取用，即液体取 1～2 mL，固体只需盖满试管底部。

（3）实验用剩的药品要做到"三不一要"：既不能放回原瓶，也不要随意丢弃，更不要拿出实验室，要放入指定的容器内。

（4）浓酸、浓碱都具有强腐蚀性，使用时要格外小心。

4.3.2.2　粉末试剂的取用

取用粉状试剂，最好用瓷质药匙，因为它既不易被试剂腐蚀，又容易擦洗。取用时，为避免试剂沾在管口和管壁上，可将试管倾斜，把盛药品的药匙（或用小纸条折叠成的纸槽）小心地送入试管底部，然后将试管直立，让试管全部落到底部（图 4-40）。这种操作方法可归纳为：取粉用药匙，将纸叠成槽，轻轻往下送，药品放管底。若取用两种以上需要混合的粉末试剂，应在玻璃上或表面皿（或烧杯）里混合，以保证试剂的纯度和保证实验安全。例如，若在纸上混合氯酸钾和二氧化锰，万一有纸毛掺入，则在加热制作取氧时，有可能引起爆炸。混合好的固体粉末状药品应设法全部加到容器底部。

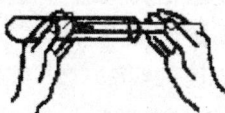

图 4-40　纸槽取用固体粉末

4.3.2.3　块状固体药品的取用

取用块状试剂常用镊子或药匙。药匙的两端为大、小两匙,取药品最较多时用大匙,较少时用小匙,镊子一般用于夹取块状固体药品。

块状固体或密度较大的金属颗粒放入玻璃容器时,应先把容器横放,把药品或金属颗粒放入容器口以后,再把容器慢慢地竖立起来,使药品或金属颗粒缓缓地滑到容器的底部,以免打破容器。记为"一横二放三慢竖"。

这种操作方法可归纳为:固体用镊夹,不能用手抓,送往试管口,倾斜往下滑。

4.3.2.4　液体药品的取用

取用液体试剂时,若取少量可用滴管。一般情况下滴管滴出的液体大约 1 mL 20 滴,"少量"或"少许"液体,一般指取 2~3 mL。

若从细口瓶里取用不计量的液体时,先拿下瓶塞,倒放在桌上。然后拿起瓶子。标签朝上对着手心,以防倒完药品后,残留在瓶口的药液流下腐蚀标签;瓶口要紧挨着试管口,使液体缓缓地倒入试管(图 4-41),倒入的液体应控制在试管容积的 1/4 或 1/3 以内。倒完液体,立即盖好原瓶。

图 4-41　液体的倾倒

使用滴管取液时,用手指捏紧橡胶乳头,赶出滴管中的空气,再将滴管伸入试剂瓶中,放开手指,试剂即被伸入。取出滴管,把它悬空放在烧杯(或其他容器)上方(不可接触容器内壁,以免沾污滴管,造成试剂的污染),然后用拇指和食指轻轻捏挤橡胶乳头,使试剂滴下。

取完药品后应及时盖好盖子,尤其是连取几种药品时更要注意这点,否则,一方面会因药品接触空气而变质,或因吸水、蒸发而使溶液的浓度改变;

另一方面还容易张冠李戴,使药品失效。若往烧杯或其他广口容器内倾倒液体时,一定要让液体沿玻璃棒慢慢流入,以防药品飞溅伤人。此外还应注意,已经取出的液体严禁再倒回试剂瓶。以上操作可归纳为"取液不手抖,标签对虎口,顺壁往下滑,眼把量来瞅"。

4.3.2.5 特殊试剂的取用

(1)钾。由于金属钾的化学性质比较活泼,所以通常都把它储存在煤油里。取用金属钾时,需用镊子从煤油里取出,用滤纸吸去外面的煤油,放在玻璃上用小刀切割。切割金属钾时,应特别注意安全,因为钾与空气接触时,表面会逐渐生成一层过氧化钾,过氧化钾是强氧化剂,金属钾是强还原剂,若不小心,使刚切的金属钾与钾表面的过氧化钾接触,就会因发生剧烈的氧化还原反应而引起爆炸。所以切下的钾的表面层不能直接接触金属钾。取用金属钾时,还应注意不要碰到水或溶液。

(2)钠。金属钠也常储存在煤油里,取用时,可用镊子取出一小块钠,用滤纸吸去外面的煤油,放在玻璃片上用小刀切去外皮。使用金属钠时,因为钠也是很活泼的金属,所以也应特别小心,但没有金属钾那样危险,因为在较低的温度(不超过180 ℃)和氧气供给不足的条件下,钠的氧化产物主要为氧化物,只有将钠在空气中燃烧时,主要产物才是过氧化物。取用金属钠时,也同样注意不要使其碰到水或溶液,也不要用手去接触。

(3)白磷。白磷通常保存在盛水的棕色带有磨砂塞子的广口瓶子里。冬季应把储白磷的瓶子放在沙箱里,防止瓶里的水结成冰后胀破瓶子。因为白磷的着火点很低,所以切割白磷时,应用镊子把白磷取出后,立即放到水槽中的水面下,用长柄小刀切取。水温最好在25~30 ℃,若温度太低,白磷在冷水里显脆性,切割时容易破碎;若水温太高,则白磷容易熔化。在温水里切割白磷后,应先放在冷水里冷却,然后把白磷放在叠成几层的滤纸中间,轻轻挤压以吸掉水分。使用白磷时,一定要严防白磷跟皮肤接触,若白磷的碎块掉到地上应立即寻回。白磷在长期存放时会变黄,这是由于在白磷的表面逐渐形成了一层黄磷盖层,所以白磷也叫作黄磷。这种盖层对实验无妨碍,只要将磷块放在5%稀硝酸中浸一昼夜就可除去。

(4)液溴。液溴应储放在密合的磨口玻璃塞的试剂瓶内,再把瓶子放在盛有消石灰或碳酸钠的盒子里,上面罩上塑料袋,存放在阴凉和不易碰到的地方。若买来的液溴是装在安瓿里的,启用时,应先用湿布把安瓿包好,用小火焰灼烧瓶尖,再用湿毛笔与灼烧处接触,使之发生裂缝,然后小心地将瓶尖敲碎,把液溴转移到磨口良好的细口瓶里。取用少量液溴,应把受器的器口靠在储溴瓶的瓶口上,用细长的滴管吸取液溴后,迅速地把滴管移入受器中。切不可从瓶口直接倾倒,那样会把瓶内浓的溴蒸气倒出。取用溴和做溴的实验时,都应在通风橱内或通风的地方进行,散布在空气中的溴蒸气,可洒氨水消除。

4.3.3　物质的称量

4.3.3.1　固体药品的称量

参考托盘天平的用法。

4.3.3.2　液体的量取

量取时,应选与所量液体体积数相差不大(相等或大于所需液体的体积)的量筒。量取液体时,量筒必须放平,视线要跟量筒内液体的凹液面的最低处保持水平,再读出体积数(图 4-42)。

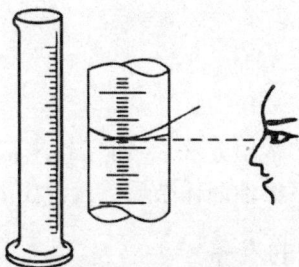

图 4-42　读数

4.3.4　加热

4.3.4.1　物质的加热

给液体加热可用试管、烧杯、烧瓶、蒸发皿等;给固体加热可用试管坩埚等。试管和蒸发皿可直接加热,烧杯、烧瓶要垫上石棉网。

加热前要预热。方法是:在火焰上来回移动试管;对已固定的试管,可移动酒精灯,待试臂均匀受热后,再把灯焰固定在盛放固体的部位加热。

给试管里的液体加热也要进行预热。加热试管内的液体时要用试管夹,管口不能对着人,并使试管跟桌面成 45°,先给液体全部加热,然后在液体底部加热,并不断摇动试管。给固体加热时,试管要横放,管口略向下倾斜。加热后很热的试管不能立即用冷水冲洗(图 4-43)。

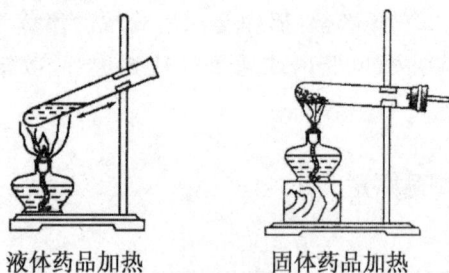

液体药品加热　　　　　　固体药品加热

图 4-43　加热

4.3.4.2　器皿的加热

实验室中常用的加热仪器有烧杯、烧瓶、瓷蒸发皿和试管等。这些仪器能够承受一定的温度,但不能骤热或骤冷,因此在加热前,必须将容器外面的水擦干,加热后也不能立即与潮湿的物体接触,加热的液体一般不宜超过容器容积的1/3。试管、烧杯或烧瓶、蒸发皿的加热等的使用方法和注意事项都可以参考实验仪器的用法。

4.3.5　过滤

过滤是分离混合物的常用方法之一,它用来把不溶解的固体和液体分开或除去液体中混有的不溶性固体杂质。过滤主要分为以下两个步骤。

4.3.5.1　过滤器的准备

漏斗里放上折好的滤纸,就成为一个过滤器。准备过滤器时首先选择好所用的漏斗,然后根据漏斗口径的大小选择合适的圆形滤纸,并折叠滤纸。折叠滤纸的方法是:先对折成半圆,再对折成四等分,然后展开呈圆锥形。滤纸展开呈圆锥形后要放入漏斗中比试一下,看滤纸是否能和漏斗完全密合。若不完全密合,则调整滤纸折叠角度至能完全密合为止。把折好的滤纸放入漏斗中的方法是:首先把圆锥形滤纸的尖端向下放入漏斗中,滤纸的边缘应比漏斗的边缘稍低(约低 5～10 mm,若滤纸多余应该剪去)。然后用左手食指压住滤纸三层的一面,再用水润湿滤纸(用滴管滴水润湿),使滤纸紧贴于漏斗内壁,中间不要留有气泡(这样可加速过滤,否则由于气泡的存在将阻缓液体在漏斗领内的流动,减缓过滤速度)。

4.3.5.2　过滤

(1)把已装好的过滤器放在铁架台的铁圈上,调整高度,使漏斗的最下端能够紧靠在烧杯的内壁上,这样可使滤液沿着烧杯内壁流下,不致溅出来。

（2）进行过滤时,往漏斗中倾注液体必须用玻璃棒引流（图 4-44）,使液体沿玻璃棒缓缓流进过滤器里,而这时玻璃棒的下端应该轻轻靠在有三层滤纸的那一面,否则液体易把滤纸冲破。注入过滤器中的液体不宜过多,液面必须低于滤纸边缘,否则过滤器里的液体就可能从滤纸和漏斗内壁之间流下去,导致过滤失败。

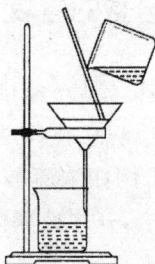

图 4-44　过滤

（3）如果一次过滤后,滤液是浑浊的。应该把滤液再次过滤,直到滤液澄清透明为止。

过滤操作的要点可记为:"一贴、二低、三靠"。一贴:滤纸与漏斗应紧贴无气泡。二低:滤纸上沿低于漏斗口;液体低于滤纸上沿。三靠:漏斗颈下端紧靠承接滤液的烧杯内壁、玻璃棒的下端靠在三层滤纸处、盛待过滤液体的烧杯的尖嘴部靠在玻璃棒的中下部。

4.3.6　蒸发

蒸发一般是用加热的方法,使溶剂不断挥发的过程。把滤液（或溶液）倒入蒸发皿里,再把蒸发皿放在铁架台的铁圈上,用酒精灯加热（图 4-45）。

图 4-45　蒸发

蒸发液体时,要用玻璃棒不断搅拌液体。防止由于局部温度过高,造成液滴飞溅。当蒸发皿中出现较多量的固体时,立即停止加热,利用余热将剩余水分蒸发掉,以免固体因受热而飞溅出来。热的蒸发皿要用坩埚钳移走,并放在石棉网上冷却。注意:不要立即把蒸发皿直接放在实验台上,以免烫坏实验台。

4.3.7 配制一定质量分数的溶液

操作步骤:计算、称量(对固体溶质)或量取(对液体物质)、溶解。溶解固体物质一般可采用研细固体、加热、搅拌或振荡等方法加快溶解。说明:在溶解时放出大量的热的物质,例如浓硫酸的稀释(图 4-46),应把密度较大的浓硫酸沿器壁慢慢注入水中,并用玻璃棒不断搅拌。

图 4-46 浓硫酸的稀释

4.3.8 仪器的组装与拆卸

4.3.8.1 仪器组装的一般原则

化学实验仪器的组装,必须符合实验原理。组装复杂的实验仪器装置,不仅要有合理的组装顺序,还应做到使用仪器少,结构协调,突出主体,操作方便,便于观察。一套装配得当的实验仪器,应是一件完美的艺术品。

组装仪器的操作,一般遵循:先零后整、先主后辅、从低到高、从左到右的原则。

4.3.8.2 仪器拆卸的一般原则

实验完毕,应及时把实验装置拆开。拆卸仪器时,也应有一定的顺序,并细心操作,防止损坏仪器和造成伤害事故。

简单的实验装置拆卸比较方便。要拆卸由两个或三个主要部分组成的仪器装置时,应该考虑合理的顺序。一般情况下,拆卸顺序和组装的顺序基本相反,即应遵循:从右到左、从高到低、先整后零、先辅后主的原则。

此外,必须注意以下几点:

(1)拆卸加热制取气体并且采用排水集气法收集气体的装置时,第一步是先把导气管从水槽里取出,第二步是移去酒精灯并将其熄灭,以防止倒吸。

(2)拆卸制取有毒气体实验装置时,应移到通风橱内进行。

(3)拆卸开的实验仪器,应及时洗净,并把成套装置放入纸盒或木箱内,置于仪器橱中单独存放。

4.3.9 仪器的连接和装置气密性的检查

一般仪器连接是指塞子、玻璃管、乳胶管等仪器的连接安装。而装置气密性的检查则是指使封闭体系不同位置的仪器空间之间产生压强差,并且通过产生明显的现象来判断装置的气密性,一般主要通过气泡的产生、水柱的形成、液面的升降等现象来判断。

4.3.9.1 一般仪器的连接与安装

初中化学中用得较多的连接仪器装置是把玻璃管插入带孔橡皮塞、连接玻璃管和胶皮管,以及在容器口塞橡皮塞等。选择合适的仪器和与其配套的胶塞、玻璃管、乳胶管等,将它们冲洗干净并晾干。(玻璃导管要插入的一端用水湿润)。

(1)把玻璃管插入带孔橡皮塞(图 4-47 上)。左手拿橡皮塞,右手拿玻璃管。先把玻璃管的一端用水润湿,然后稍稍用力转动,使它插入橡皮塞。

玻璃管插入塞扎

玻璃管套上橡皮管

图 4-47 一般仪器的连接 1

(2)连接玻璃管和胶皮管(图 4-47 下)。左手拿胶皮管,右手拿玻璃管,先把玻璃管口用水润湿,稍稍用力即可把玻璃管插入胶皮管。

(3)在容器口塞橡皮塞(图 4-48)。左手拿容器,右手拿橡皮塞慢慢转动,塞进容器口。

用橡皮塞塞住试管

图 4-48　一般仪器的连接 2

(4)连接整套仪器装置的顺序是:先下后上,先左后右。

仪器连接安装好后,首先要认真检查胶塞、胶管等连接部位的密封性和完好性,应使整个装置横平竖直,紧密稳当,以保证实验正常进行。

4.3.9.2　检查装置气密性的方法

检查装置的气密性时,将导管一端伸入水中:

(1)如图 4-49 所示,双手握住试管加热(若是烧瓶可以用酒精灯微微加热),可以看到水中导管口出现气泡,若放开手后而导管仍在水中,则导管中会有一段水柱上升,则说明该装置气密性良好。

(2)如图 4-50 所示,将乳胶管用止水夹夹住,向分液漏斗中注水,打开分液漏斗活塞,分液漏斗中的液面不会连续下降,证明装置气密性良好。

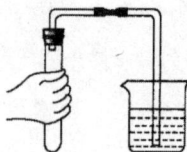

图 4-49　升温法

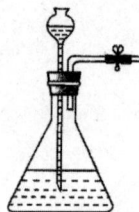

图 4-50　液面差法 1

(3)如图 4-51 所示,往长颈漏斗中加水,直至使水浸没长颈漏斗末端,将乳胶管用止水夹夹住,继续往长颈漏斗中加水,直到漏斗中的液面高于试管内液面,停止加水。若漏斗和试管的液面差保持不变,则证明装置气密性良好。

图 4-51　液面差法 2

4.3.10　玻璃仪器的洗涤

仪器是否干净,对取得准确的实验结果有重要的影响。因此,仪器的洗涤是实验操作的重要环节。一般情况下,应在做完实验后,立即把所用过的玻璃仪器刷干净。

洗涤试管或烧杯时,可以注入半管(瓶)水,稍稍用力振荡,把水倒掉,这样连续数次即可洗净。若内壁还附有不易洗掉的物质,可用毛刷刷洗。洗试管时,应用左手食指、中指和拇指捏住试管上端,使试管口向上,稍微倾斜,用试管刷蘸水或肥皂水、洗衣粉等洗涤剂上下转动刷洗试管(图 4-52)。

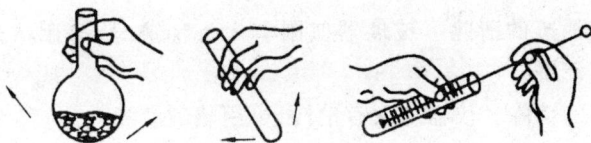

图 4-52　玻璃仪器的洗涤

试管刷顶部必须有棕毛,否则易顶破试管底部。洗刷试管时,不能用手掌握住试管,更不能用掌心抵住试管底部,否则一旦试管破裂会扎破手心。刷洗时,还应注意不要让试管刷后端的铁丝划破试管口。试管刷洗完后,应用自来水冲洗干净,再用蒸馏水按"多次少量"的原则,洗去自来水中的 Ca^{2+}、Mg^{2+}、Cl^- 等离子。一般情况下,洗涤 2～3 次即可。尽量不要用去污粉洗涤玻璃仪器,因为去污粉是由碳酸钠、白土、细砂等混合而成,其中碳酸钠是碱性物质,可除去油污;白土有吸附作用;细砂起摩擦作用。若长期用去污粉去洗涤玻璃仪器,有可能使玻璃发"毛",所以不用为好。玻璃仪器洗净的标志是当倒出水后,在器壁上形成一薄层均匀的透明水膜。若容器内壁有油污,水就会在器壁上形成滴或成股流下。

刷洗烧瓶时可用烧瓶刷,用刷子在瓶内上下左右前后刷洗,若刷不到瓶壁,可把烧瓶刷弯成一定角度进行刷洗。其他玻璃仪器的洗刷可视具体情况选用不同式样和大小的毛刷。洗涤方法和要求与上述相同。

玻璃仪器洗干净的标准是:洗过的玻璃仪器内壁附着的水既不聚成水滴,也不成股流下。洗刷干净的仪器应倒放在平稳的地方或放在试管架上晾干。

有些油污用肥皂水或洗衣粉清除不掉时,可根据油污的成分,使用不同的试剂去除油污。

一般来说,凡碱性油污,例如不溶于水的碱、碳酸盐、碱性氧化物等物质,可先加稀盐酸再用水冲洗;若是酸性油污,可用碱来清除。其他一些特殊的油污消除方法简述如下:

(1)高锰酸钾迹的清除。可用 10％的硫代硫酸钠液浸洗除去,也可用 10％的草酸溶液清洗。

(2)二氧化锰迹的清除。盛放高锰酸钾溶液的容器,往往在器壁上留下一层棕褐色的二氧化锰,可加盐酸,使之与二氧化锰生成可溶于水的氯化锰而被除去。

(3)银盐迹的清除。银盐和硫代硫酸钠反应生成可溶于水的络合物和卤化钠而被除去。因此,银盐迹可用硫代硫酸钠溶液清除。

(4)银镜和铜镜的清除。向生成银镜和铜镜的容器中加入稀硝酸并微热,便可清银镜和或铜镜。

(5)木焦油迹的清除。玻璃器皿附有木焦油迹时,可用浓碱液浸泡一天,然后用水清洗。

(6)油污的清除。仪器上附有油污,可用热碱液煮洗。

(7)硫迹的清除。若器壁上附有硫,可用煮沸的石灰水清洗,因两者相互作用生成多硫化物而较易将硫除去。

(8)碘迹的清除。器壁上附着的碘,可用酒精擦洗。

(9)研钵中污迹的清除。取食盐少许放在研钵内研洗,然后倒去食盐再用水洗。瓷蒸发皿和坩埚中有污迹,可以用浓硝酸或王水洗。

(10)不明来源或难去除污迹的清除。对不明来源或用上述方法难以洗涤的斑迹,可用铬酸洗液洗涤。铬酸洗液具有很强的氧化性,这是由于重铬酸盐与浓硫酸作用产生铬酐的结果:Cr^{6+} 从还原剂中夺取三个电子而本身被还原成 Cr^{3+},因而产生了氧化性。铬酸洗液呈红褐色,使用时应将仪器上的油污尽量洗净,倾去水后再加入少量洗液,缓缓转动仪器,使未洗净的地方充分湿润,静置片刻后,将洗液倒回原瓶。然后用清水冲去残液可以继续使用,但效能逐渐除低,因此,每次使用时,应稍加一些浓硫酸帮助恢复酸的强度。若使用次数过多,受还原性物质的污染,整个溶液就变成绿色。此时,溶液中的高价铬绝大部分已被转化成低价铬,洗液也就没有氧化性了。据有的资料记载,铬酸洗液会使玻璃仪器吸收一定量的 CrO_2^-,而这些 CrO_2^- 即使用水蒸气也不易完全除去,因此,一般情况下,不宜用铬酸洗液洗涤仪器。通常用浓硝酸代替铬酸作洗液,同样可达到清除不明斑迹的目的。

洗涤中的注意事项:

(1)刷洗时所选用的毛刷,通常根据所洗仪器的口径大小来选择,过大、过小都不合适;不能使用无直立竖毛(端毛)的试管刷和瓶刷,刷洗不能用力过猛,以免击破仪器底部;手握毛刷的位置不宜太高,以免毛刷抖动或弯曲及毛刷端头铁器撞击仪器底部。

(2)用肥皂或合成洗涤剂等刷洗不干净,或者仪器因口小、管细,不便用毛刷刷洗时,一般选择用洗涤液洗涤。使用洗涤液时仪器中不宜有水,以免稀释使洗涤液失效;贮存洗涤液要密闭,以防止吸水失效;洗涤液中若有浓硫酸,在倒入被洗仪器中时要先少量,以免发生反应过分激烈,溶液溅出伤人;洗涤液中若含有毒 Cr^{3+} 要注意安全,切忌将毛刷放入洗涤液中。

(3)洗涤时通常是先用自来水,不能奏效再用肥皂液、合成洗涤剂等刷洗,仍不能除去的污垢采用洗涤液或其他特殊洗涤液。洗完后都要用自来水冲洗干净,必要时再用蒸馏水洗。

(4)洗涤中蒸馏水的使用目的在于冲洗经自来水冲洗后留下的某些可溶性物质,所以只是为了洗去自来水采用蒸馏水。使用时应尽量少用,采用少量多次(一般三次)的方法。

(5)仪器洗净的标志是仪器倒转过来,水顺着器壁流下只留下均薄的一层水膜,不挂水珠,则证明仪器已洗净。

(6)已洗净的仪器不能再用布或者纸擦拭,因为布或者纸的纤维或上面的污物会沾污仪器。

4.3.11　浓酸、浓碱的使用

(1)如果不慎将酸液沾到皮肤或衣物上,立即用较多的水冲洗(如果是依硫酸,必须迅速用抹布擦拭,然后用水冲洗),再用溶质质量分数为 $3\%\sim5\%$ 的碳酸氢钠溶液冲洗。

(2)如果不慎将碱液沾到皮肤上,要较多的水冲洗,再除去硬酸溶液。

(3)如果眼睛里溅入了酸或碱溶液,要立即用水冲洗(切不要用手揉眼睛)。

4.3.12 药品的存放

(1)固体药品用广口瓶存放;液体药品用细口瓶存放;气体用集气瓶或贮气瓶盛装。

(2)见光分解或受热易分解的药品用棕色瓶盛放;盛碱液的试剂瓶要用橡皮塞,不能使用玻璃塞。

(3)易变质的药品不能长久贮存,最好现用现配制。(如澄清的石灰水长期存放会跟空气中的二氧化碳反应而失效)

(4)白磷保存在水中(图 4-53),金属钠保存在煤油中。

图 4-53 白磷的保存

(5)易潮解、易挥发、有吸水性的药品要密封保存;浓硫酸、浓盐酸、浓硝酸、氢氧化钠、氢氧化钙、碳酸氢铵及某些结晶水合物需密封保存。

(6)易燃物质(如酒精、硫、磷、镁粉等)和易爆炸的物质(如高锰酸钾硝酸铵等)存放时要远离火源。

4.3.13 实验室安全常识及常见意外事故的处理

(1)使用任何电器要谨防触电,不用湿手接触电器,实验结束后应立即切断电源。

使用酒精灯时,如果洒出的酒精在桌上燃烧起来,应立即用湿抹布、石棉或沙子盖灭,火势大时可用灭火器扑火;小范围的有机物钾钠、白磷等化学物质着火可用沙子盖灭。

(2)酸性物质灼伤皮肤后可用清水或 2%的碳酸氢钠(即小苏打)溶液冲洗,碱性物质灼伤皮肤后可用 2%的醋酸溶液或 2%的硼酸溶液冲洗,然后涂上油膏,并将伤口包扎好。重者送医院诊治。

(3)氢氧化钙或浓硫酸烧伤时,不得先用水冲洗。因它们遇水会放出大量的热,反而加重伤势。可先用干布(纱布或棉布)擦拭干净后,再用清水冲洗。

(4)眼睛的化学灼伤:凡溶于水的化学药品进入眼睛,应立即用水洗涤,然后根据不同情况分别处理。如属碱类灼伤,用 2% 的医用硼酸溶液淋洗;如属酸类灼伤,用 3% 的医用碳酸氢钠溶液淋洗。重者应立即送医院治疗。

(5)水银洒在桌面上,撒上硫粉进行回收。

(6)使用易挥发可燃物如乙醇、乙醚、汽油等应防止蒸汽逸散;添加易燃品一定要远离火源;进行加热或燃烧实验时要严格按操作要求进行实验。

第5章　气体的制取与净化

在初中化学中,必须掌握氢气、氧气、二氧化碳的实验室制法,弄清三种气体制取的反应原理、发生装置、收集、干燥、除杂等方法,并能够根据实验原理和反应特点解决其他类似情况下气体制取(如甲烷、氨气、硫化氢等)的有关问题,能够根据发生装置的工作原理进行变形或转换。

5.1　实验室制取气体的思路和方法

气体实验室制法的思路和方法可以概括为:第一,需要研究实验室制法的化学反应原理,就是要研究在实验室条件下(如常温、加热、加催化剂等),可以用什么药品,通过什么反应来制取这种气体;第二,需要研究制取这种气体所采用的实验装置;第三,需要研究如何验证制得的气体就是所要制的气体。

在选取药品时,应考虑以下六个方面。

(1)可行性:所选取的药品能制得要制取的气体;(2)药品廉价易得;(3)适宜的条件:要求反应条件易达到,便于控制;(4)反应速率适中:反应速率不能太快或太慢,以便于收集或进行实验;(5)气体尽量纯净;(6)注意安全性:操作简便易行,注意防污染。

例如:(1)实验室制取 H_2 时选用锌粒而不用镁条、铁片,原因是镁价格太贵且反应太快而铁又反应太慢;酸选用稀硫酸而不用稀盐酸和浓硫酸,因为用盐酸制得 H_2 易不纯,浓硫酸反应不生成 H_2。(2)制 CO_2 时可选用石灰石(或大理石)与稀盐酸,而不选用 Na_2CO_3、浓盐酸和稀硫酸,原因是 Na_2CO_3 反应太快不易控制,浓盐酸易挥发出 HCl 气体,稀硫酸与大理石(石灰石)反应生成硫酸钙微溶于水,覆盖在大理石表面阻止反应继续进行;也可煅烧石灰石,因为条件不易达到不可操作。(3)用 $KClO_3$、H_2O_2 制 O_2 时,要加少量的 MnO_2 作催化剂,以加快反应速率。

实验室制取气体在选择好药品、仪器后操作的一般程序是:组装仪器:一般按从左到右,从下到上的顺序进行;检查装置气密性;装药品:若是固体跟液体反应,一般是先装入固体再加入液体;准备收集装置:若用排水法收集气体时,应在制取气体之前将集气瓶装满水;制取气体;收集气体并验满;拆洗仪器。

下面具体阐述实验室制取气体中发生装置、收集装置、气体贮存三个方面的内容。

5.1.1　气体的发生装置

在中学化学实验中,需要制备的气体有氧气、氢气、氯气、氯化氢、二氧化硫、硫化氢、二氧化氮、氨气、二氧化碳、一氧化碳以及甲烷、乙烯、乙炔等。

根据所用试剂及其装置与操作的特点,可分为四种气体发生装置。

5.1.1.1　固体(或固体+固体)需加热的气体发生装置

这种气体发生装置可以制取氧气、氨气以及甲烷等。需用配有单孔塞附导管的硬质试管作为气体发生装置(见图 5-1)。

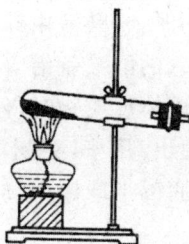

图 5-1　固体需加热的气体发生装置

注意事项:

(1)检查装置的气密性。

(2)试管口略向下倾斜,防止湿存水或生成的水倒流,使试管炸裂。

(3)药品平铺试管底,加大受热面积。

(4)先使试管均匀受热,再集中在药品下方加热。

(5)如用排水法收集气体,应先将导管移出水面,然后熄灭酒精灯。防止水槽里的水被吸入试管内,使试管炸裂。

5.1.1.2　固体+液体不需加热的气体发生装置

这种气体发生装置可以制取氢气、二氧化碳、氯化氢等气体。

若要连续制备较多的气体,可以直接用启普发生器。在使用前,先要检查其是否漏水和漏气。将启普发生器装置好后,开启导气管上的活塞,从球形漏斗将水加入容器内到淹没容器底部的活塞,检查活塞处是否有水渗出。如果漏水,则倒出容器内的水,卸下活塞擦干,涂上一薄层凡士林再旋紧,然后关上导气管上的活塞。再从球形漏斗加水到漏斗的1/2处,观察水面是否下降,如果下降就表示漏气,这时可在漏斗与容器接口处涂上一薄层凡士林,或者调换导气管的橡胶塞。

把固体反应物装入启普发生器,一般可采用下列方法:先卸去球形漏斗,使容器部分横卧桌上,把固体反应物从上口慢慢滑入球体(注意不可落入底部半球体内),然后插入球形漏斗,再把启普发生器竖直,调整固体反应物,使其分布在漏斗颈部的四周。

为了防止一些较小的颗粒状固体反应物落入容器下部的半球内,可在球体与半球体的孔道间放置用塑料片或胶皮做的圆片,再在圆片上打一些小孔,中间开一些大孔。使其恰好就卡在球形漏斗的颈部,定位在球体与半球体的孔道上,这样就能阻止小颗粒状固体反应物落入容器下部的半球内。

大号启普发生器下部半球体容积较大,为了减少酸液的用量,可以用一些玻璃弹子填充在底部。使用时,将酸液由球形漏斗注入,同时开启导气管活塞(否则酸液不能落下),加入的酸液就沿着漏斗流入底部,再从底部上升到容器的球体内,当酸液浸没固体反应物时,停止加酸。这时酸与固体反应物反应产生的气体经导气管逸出,用毕,关闭导气管的活塞,这时球体里的气体的压强增加,将酸液压入底部半球体,又从球形漏斗颈向上压入球形漏斗里。

新装的启普发生器,有时反应很剧烈很快会把酸液压入球形漏斗里,如果酸量较多就会溢出。为了安全,可在球形漏斗口上配一个安全漏斗,作为缓冲器。

用启普发生器制取的氢气,使用前必须检验纯度。只有纯净后才能使用。否则,见火后会使整个装置发生爆炸,造成重大事故,为了安全,除了严格遵守操作规程外,还可以在启普发生器导气管与其他装置之间加一个洗气瓶,当作一个单向阀,以防止气体回缩到启普发生器内。

移动启普发生器时,应用双手握住容器的球体部位,绝不能握住漏斗就提起,以免容器部分下落而造成事故。

启普发生器不能盛装热液,也不能加热。若取少量气体,则可用简易气体发生装置,如图5-2所示。

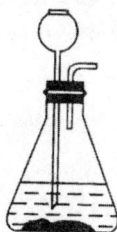

图 5-2　简易气体发生装置

5.1.1.3　固体＋液体需要加热的气体发生装置

这种气体发生装置可以制取氯化氢、氯气、二氧化硫等气体。这种装置是将圆底烧瓶固定在铁架台上,插入烧瓶口的橡皮塞处安装导气管外,还需安装一个分液漏斗以便加入酸液(见图 5-3)。

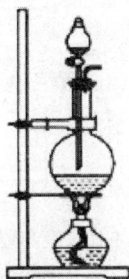

图 5-3　固体＋液体需要加热的气体发生装置

5.1.1.4　液体＋液体需加热控制温度的气体发生装置

这种气体发生装置可以制取一氧化碳、氮气和乙烯等。这三种气体可以用上述气体发生装置相类似的装置制取。下面以乙醇与浓硫酸反应制取乙烯为例,说明这种气体发生装置的操作过程。

制备乙醇与浓硫酸混合液时,由于乙醇比浓硫酸轻,两者混合又要放出热量。所以应先加入乙醇,然后再边摇动烧瓶边慢慢地加入浓硫酸。为了提高乙醇的利用率,硫酸应稍过量。实验证明,浓硫酸与乙醇的体积比以3∶1效果较好。混合液加入后,还应加入少量沸石(碎瓷片),因为沸石受热后可产生细小的空气泡,这些空气泡将成为液体分子气化的中心,可以防止参加反应的混合物在受热时暴沸,有利于反应的平稳进行;同时沸石对此反应还具有催化作用。把带有温度计的橡皮塞塞在烧瓶口上,温度计的水银球应在液面以下,但不能触到瓶底。然后由酒精灯确定铁圈的高度,并放上石棉网,再用铁夹夹住烧瓶的瓶颈,进行加热,温度控制在170 ℃,这样便可以得到乙烯。

5.1.2　气体的收集装置

气体收集方法主要由气体的溶解性和气体的密度比空气密度大或小来确定。

(1)难溶于水或不易溶于水的气体,采取排水法,如 O_2、H_2、CH_4、CO 等,如图 5-4(a)。

(2)密度比空气大的气体(相对分子质量大于 29 的气体),采取向上排空气法,如 O_2、CO_2 等,如图 5-4(b)。

(3)密度比空气小的气体(相对分子质量小于 29 的气体),采取向下排空气法,如 H_2、CH_4 等,如图 5-4(c)。

(a)排水法　　　(b)向上排空气法　　　(c)向下排空气法

图 5-4　气体的收集装置

5.1.3　气体的保存方法

在实验室中,常把气体储存在储气瓶中。市售的储气瓶是一个具有上口、上侧口和下侧口的玻璃瓶,上口插入一个特制的长颈漏斗,上侧口塞着带活塞导管的塞子,下侧口塞着玻璃塞。使用方法如图 5-5 所示,首先检查仪器的气密性,拔下侧口的玻璃塞,旋开上侧口导管活塞 b,再旋开漏斗活塞 c,将水从漏斗注入瓶中,待至半瓶时,关闭活塞 b,再继续向漏斗中注水到一定水位,观察漏斗的水面若不下降,说明储气瓶不漏气。然后开始储气,塞住塞子 a,打开活塞 b 和 c,从漏斗上加水使水注满储气瓶,如图 5-5(a)所示。关闭活塞 b 和 c,打开玻璃塞 a(由于外部大气压力的作用,瓶里水不会流出),将进气导管插入下侧口中,这时有气泡上升,水从下侧口流出,如图 5-5(b)所示。待到瓶中的水面下降至下侧口上面一点时,说明瓶中已充满气,这时应塞紧下侧口的活塞 a,气体即被储于储气瓶中,如图 5-5(c)所示。若需用瓶内的气体,应先打开活塞 c 然后打开活塞 b,这时漏斗中的水就流入瓶中,从而将瓶中的气体由上侧口导管排出。气体放出越多,漏斗水面下降越快,此时应继续向漏斗中加入水以保持漏斗内水位的一定高度,如图 5-5(d)所示。只要开闭活塞口,就可以随意控制气体的流出量,直到瓶中充满水,说明储存的气体已经用完。

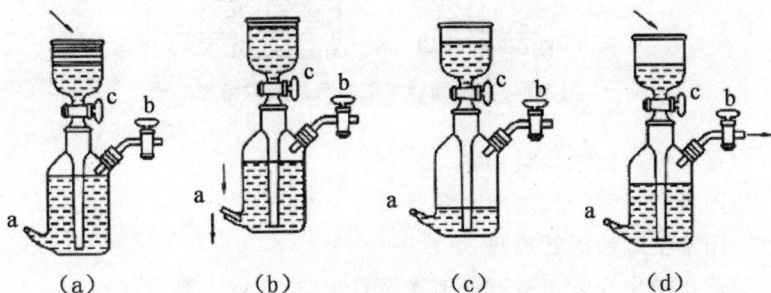

$$(a) \qquad (b) \qquad (c) \qquad (d)$$

图 5-5　储气瓶的使用方法

5.2　气体的实验室制法

5.2.1　氧气的实验室制法

【实验背景与目的】

通过实验室制备氧气的一组实验,让学生认识到探究实验室制备氧气时需要考虑到的一系列问题:反应原理、实验装置、实验步骤以及注意事项等。

5.2.1.1　加热高锰酸钾制取氧气

【实验原理】

$$2KMnO_4 \stackrel{\triangle}{=\!=\!=} K_2MnO_4 + MnO_2 + O_2 \uparrow$$

【实验准备单】

铁架台(附铁夹)、试管、导管、橡皮塞(单孔)、酒精灯、药匙、集气瓶、水槽、高锰酸钾、棉花。

【实验装置与操作】

(1)按照如图 5-6 所示连接好装置,检查装置的气密性。

(2)用药匙(或纸槽)将适量的高锰酸钾晶体放入试管中,平铺在试管底部。

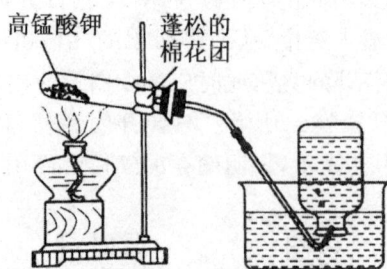

图 5-6　高锰酸钾制取氧气的实验装置

(3)在试管口塞放少量棉花。

(4)用带有导管的橡皮塞塞紧管口。

(5)用酒精灯给试管加热。

(6)待水槽中导管末端有气泡连续冒出时,开始收集氧气。

(7)当竖立的集气瓶口有气泡冒出时,在水面下用玻璃片盖好集气瓶口后,取出集气瓶正放在桌面上。

(8)先将导管从水槽中取出,然后再熄灭酒精灯。

【实验问题与探究】

(1)加热固体药品时,试管口应略低于试管底部,防止冷凝水倒流。

(2)试管口放一团蓬松的棉花是为了防止高锰酸钾粉末进入导管。

【实验改进】

利用本装置和实验步骤也可以加热氯酸钾制取氧气。

5.2.1.2　双氧水的催化分解制取氧气

【实验原理】

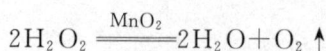

$$2H_2O_2 \xrightarrow{\quad MnO_2 \quad} 2H_2O + O_2 \uparrow$$

【实验准备单】

锥形瓶、分液漏斗、导管、橡皮塞(双孔)、水槽、集气瓶、滴管、注射器、红砖粉末、火柴、蜡烛、双氧水(6%)、二氧化锰。

【实验装置与操作】

(1)按照如图 5-7 所示连接好装置,检查装置气密性。在锥形瓶中放入适量的二氧化锰。打开分液漏斗活塞,向锥形瓶中加入适量双氧水,锥形瓶中产生大量气泡。片刻后开始收集氧气(刚开始冒出的是锥形瓶中的空气)。

(2)检查装置气密性。在试管中加入适量二氧化锰粉末和双氧水后,立即塞上带有导管的单孔橡皮塞,并用向上排空气法收集气体。用带火星木条放在集气瓶口检验氧气是否集满。

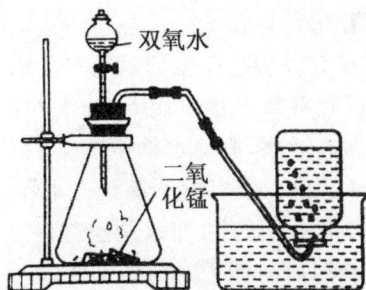

图 5-7　双氧水催化分解制取氧气的实验装置

（3）利用废弃的塑料瓶代替实验室中的锥形瓶，用医用注射器（50 mL）代替分液漏斗、将针头插入橡皮塞，如图 5-8 所示安装好装置，检查装置气密性后，在塑料瓶中放入适量的二氧化锰（约一药匙），用注射器吸取 6％双氧水溶液 50 mL。推动注射器加入双氧水，一段时间（1～2 min）后，检验产生的气体，并用排水集气法收集氧气。

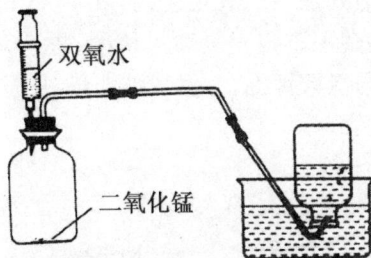

图 5-8　用塑料瓶和注射器改装的实验装置

（4）（微型实验装置）取一支注射器，拔下活塞，在注射器内放入适量的红砖粉末，再装上注射器。推入注射器活塞，排除注射器中空气，同时吸入双氧水。如图 5-9 所示，将连有空圆珠笔芯的乳胶管的另一端连接在注射器的气嘴上，用排水集气法收集氧气。

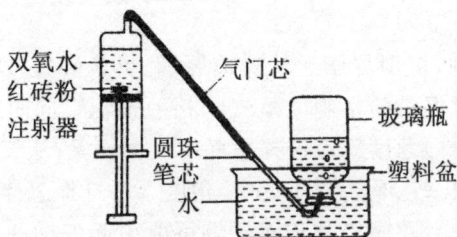

图 5-9　制取氧气的微型实验装置

【实验问题与探究】

图 5-9 中的注射器能有效防止产生的氧气对分液漏斗的影响,不会因为装置内气体压强过大,以致双氧水难以滴下,使实验操作不易进行。重新添加双氧水时,不要直接抽拉活塞,避免水槽中的水倒吸,应将针筒直接取下,加入双氧水后,再安装好针头。该实验不易获得干燥的氧气,因为滴加双氧水时往往会被氧气气流带入导管中,建议调整好针头与导管的位置。为了迅速排尽瓶内空气,实验开始时使用的药品量要多一些,然后再逐滴加入。

【实验改进】

在利用双氧水(或氯酸钾)制备氧气时,会接触到催化剂的概念。在这里可以设计一个微型实验证明二氧化锰的催化作用。

在侧泡具支试管底部放入 0.5 g 氯酸钾固体粉末,在试管的侧泡处放入约 0.1 g 二氧化锰,如图 5-10 所示。用酒精灯加热试管底部的氯酸钾,在氯酸钾未熔化前,用带火星木条移至具支试管口,观察木条是否复燃。再继续加热至氯酸钾熔化,再将带火星木条移至具支试管口,观察木条是否复燃。把酒精灯移至侧泡处加热二氧化锰,加热 3~5 min。同样用带火星木条移至具支试管口,观察木条是否复燃。稍冷,将具支侧泡试管垂直,让二氧化锰落入试管底部与氯酸钾混合,然后再加热,用带火星木条移至具支试管口,观察木条是否复燃。

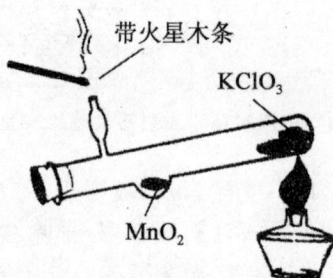

图 5-10 证明二氧化锰催化作用的实验装置

【教学建议】

在教学实践中,应引导学生从反应原理、反应装置、实验操作以及气体检验等几个方面掌握实验室制取氧气的相关知识。同时从反应原理(反应物的状态、反应条件)角度思考选择怎样的发生装置;从气体性质(是否溶于水、密度与空气的比较、是否与水反应)角度思考选择怎样的收集装置;注意实验操作步骤的先后顺序以及步骤颠倒可能引起怎样的不良后果;根据氧气的特性(具有助燃性,能使带火星木条复燃)设计如何检验气体是不是氧气以及检验氧气是否已经集满。

【教学案例】氧气的制取

【设计背景】

在以前的学习和生活中,学生对于物质制备有了一些零散的、局部的认识,本节课的任务就是要把它们系统化。然而,要完成这个认识的提升,学生所必需的知识基础和能力基础都还很欠缺。毕竟学生学习化学才近一个月,学生对化学的兴趣是浓厚的,科学探究的几个环节不清晰,只是充满好奇心。教师充分利用了生活以及军事上遇到的有关制取氧气的资源,紧扣氧气的两大用途——供给呼吸、支持燃烧。自然地引出了实验室制取氧气的反应原理,还能帮助学生加深对反应产物的印象,更重要的是,能让学生真切地体会到化学制备在生产生活中的重要作用,体会化学的学科价值。

【教学实录】

片段一:复习导入,创设情境

设问:经过前面的学习,我们已经知道了氧气的性质和用途,大家回忆一下,氧气有哪些用途呢?

学生:供给呼吸;支持燃烧。

引入:如此重要的气体,我们怎样才能得到呢?

展示:"氧来乐"图片和文字说明书:"氧来乐"的主要成分"过氧化氢"会分解成氧气和水。

学生:试着写出这个反应的反应物和生成物。

展示:特种部队要在野外 30 s 内燃起篝火,离不开特种兵背包里的法宝高锰酸钾。高锰酸钾可以分解成锰酸钾、二氧化锰和氧气。

学生:尝试默写反应的反应物和生成物。

【案例评析】

引入环节是由复习氧气的性质和用途进行的,紧接着教师展示了两个生活中的例子——"氧来乐"和"特种部队野外生火",使得氧气的制取有了切入点,很好地引入了本节课的核心内容——如何制取氧气。

片段二:初步建立研究物质制备的方法体系

设问:在实验室中能否利用过氧化氢、高锰酸钾这两种物质制备氧气呢?想一想,研究这样的问题应该从哪些方面入手? 需要考虑哪些具体问题?

学生:讨论,交流——需要找一些合适的仪器;首先得看这个反应用实验室的条件真的能得到氧气才行;要想办法把氧气装起来;要写实验报告(教师归纳,即要考虑清楚实验步骤)。

小结:现在老师把刚才同学们说的总结一下,它大致是这样一个流程:原理—装置—操作,这样我们考虑问题会更有序一些。这节课,我们的主要任务是第一步,确定反应原理的可行性问题。

【案例评析】

关于实验室中能否用过氧化氢和高锰酸钾这两种物质制备氧气的问题,教师并没有急于让学生进行实验研究。而是引导学生先想一想研究这样的问题应该从哪些方面入手? 本环节设计的突出之处是,让学生明确了学习目标,使学习的目的性更强;此外,在具体实验实施前明确问题研究方法和思路有利于减少实验的盲目性,促进了过程与方法目标的实现。

片段三:教师引导为主的探究活动

设问:我们怎么确定过氧化氢能不能制氧气?

学生:讨论,交流。(根据前面所写的反应物和生成物,讨论)

小结:用带火星的木条试验一下比用肉眼观察更准确,这是化学实验中的实证意识,非常重要。

学生实验:直接将过氧化氢倒入试管,用带火星木条能否复燃检验是否有氧气生成。

设问:实验失败的原因是什么? 如何才能获得氧气呢?

引导:要是我们平时在研究中遇到困难,你通常用哪些解决的办法?

学生:问老师;问同学;上网;再好好想一想;分组自由讨论,利用书本、网络等资源搜寻解决方案。

学生:书上说加二氧化锰;还可以加硫酸铜;网上还说可以加土豆、猪肝、氧化铁、红砖粉等。

讲解:书上和网络上都提到了催化剂,催化剂是一种能够改变化学反应速率,但反应前后本身的质量和化学性质均不变的物质。过氧化氢分解的催化剂就有二氧化锰、硫酸铜、生土豆、生猪肝、红砖粉等很多种。它们所起的作用就是催化作用。

学生实验:用老师提供的二氧化锰、生猪肝、硫酸铜作催化剂。通过过氧化氢制取氧气。强调:为了防止药品溅出,应该先在试管中放入固体后倒入液体,过氧化氢加入1/4试管即可。

结论:过氧化氢加入二氧化锰作催化剂,可用于实验室制取氧气。

【案例评析】

本环节是这节课的中心环节之一,也是探究任务最重要的一个环节。对于如何确定过氧化氢能不能分解得到氧气的问题,老师对于学生的讨论并没有正面回答,而是让学生自行尝试,在尝试中发现问题,再仔细观察实验,思考原因,并作出初步结论。对于突破催化剂这个难点,设计也非常巧妙。首先提出"平时在研究中遇到困难,你通常用哪些解决的办法?"另外,通过网络上对催化剂的报道,使学生自主认识到能够催化过氧化氢的物质的多样性,为下面对比实验埋下伏笔。通过学生亲身进行的对比实验,得出过氧化氢分解的最佳催化剂——二氧化锰,这样做给学生留下深刻的印象,有助于达成教学目标。

片段四:学生研讨为主的探究活动

设问:实验室内能不能用高锰酸钾制取氧气呢?请同学们讨论一下你们的方案,注意借鉴前面的经验。

学生:利用各类资源(包括前面特种部队野外生火材料),分组讨论,交流。

小结:实验室可以用加热高锰酸钾的方法制取氧气。

学生分组实验:加热高锰酸钾制取氧气,用带火星木条检验。

【案例评析】

对于实验室能否用高锰酸钾制取氧气的问题的提出也是从引入环节——特种部队野外生火而来,情景贴切。本环节的探究首先从讨论开始,因为这是有基础的——前面的探究给了一些启示。通过网络和对特种部队野外生火事实的分析,得出高锰酸钾分解的条件——加热。实验是检验分析是否正确的有效途径,学生进行分组实验来验证自己的假设。

片段五:课后小结与后续问题

总结:下面我们一起总结一下,这节课我们学到了什么?

学生1:我们学习了过氧化氢加入二氧化锰作催化剂可以用于实验室制取氧气,加热高锰酸钾也可以。

学生2:学习了两个文字表达式。

学生3:知道了高锰酸钾是紫色的,可以在野外生火。过氧化氢可以放在鱼塘里添氧气。

学生4:学习了催化剂。

引导:我们还学到了哪些方法?

学生1:学习了制取物质的方法:原理—装置—步骤。

学生2:遇到困难要积极寻求帮助,如书、同学、网络。

学生3:学会了如何加热固体。

小结:希望同学们利用这些知识和方法完成一项作业:设计实验室制取氧气的装置。

【案例评析】

本节课的总结部分是由学生完成的,学生除了总结了对知识的认识,对于学习方法也有了新认识。教师在此环节也适时地将本节课延伸到下一节课和后续课程中,那就是:请同学们设计实验室制取氧气的实验装置。

【教学反思】

作为氧气制备的第一课时,整节课的脉络是围绕气体制备这个核心,催化剂只是一个“旁枝”,所以面对催化剂这个难得的探究点,我选择把它设计成一个课后探究。所以设计课千万不可陷入局部,而要学会站在全局通盘考虑,时刻想着什么是对学生最重要的,什么是这节课最核心的。

而面对"研究物质制备的一般思路框架有必要给出吗?"的质疑,我们认为关键是看这节起始课之后涉及的其他气体制备问题我们如何循序渐进地处理,也就是说这个思路是一定要给出的,至于什么时候给出要有一个整体规划。纵观初高中涉及的气体制备,它们各有侧重:O_2 可以侧重于确立一般思路,初步感知原理、装置的制约关系;CO_2 则可侧重于感知原理选择的原则,明确原理、装置的制约关系;Cl_2 适合讨论综合考虑原料成本和产物对环境的影响问题,C_2H_4 则初步涉及了反应条件的精细化控制和原料配比问题。因此,本节课给出研究物质制备的一般思路框架是有必要的。

5.2.2　二氧化碳的实验室制法

【实验背景与目的】

(1)了解实验室制取二氧化碳的原理,知道制取二氧化碳所需要药品为大理石(或石灰石)和稀盐酸,装置为"固液不加热型"制取气体的装置,收集的方法是向上排空气法。

(2)了解实验室制取二氧化碳的基本操作步骤和注意事项。

(3)学生初步学会实验室制取二氧化碳的操作方法。

【实验原理】

碳酸盐与酸发生复分解反应,由于反应中产生的碳酸不稳定,易分解成水和二氧化碳,二氧化碳逸出促进了该反应的进行。纯净的碳酸盐反应速度比较快,实验室常用大理石(或石灰石)与稀盐酸反应制取二氧化碳,反应的化学方程式为:

$$CaCO_3 + 2HCl = CaCl_2 + CO_2 \uparrow + H_2O$$

【实验准备单】

大理石(或石灰石)、稀盐酸、锥形瓶、长颈漏斗、导管、橡皮塞(双孔)、集气瓶、乳胶管、止水夹、木条。

【实验装置与操作】

(1)搭建如图 5-11 所示装置。

(2)检查装置气密性:用止水夹夹住乳胶管,向长颈漏斗中添加稀盐酸,直至将长颈漏斗的下端浸没于稀盐酸中,打开止水夹,收集气体。

(3)验满:估计二氧化碳收集满时,将燃着的小木条放置于集气瓶口上方,若小木条迅速熄灭,则证明二氧化碳已收集满;若未熄灭,则继续收集,直至集满。

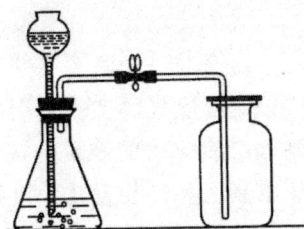

图 5-11　制取二氧化碳的实验装置

(4)关闭止水夹,盖上集气瓶的毛玻璃片,将集气瓶正放在实验桌上备用。

(5)拆卸装置,回收药品,清洗仪器。

【实验改进】

二氧化碳制取和其性质实验的微型化一体设计。如图 5-12 所示,组装仪器,其中 T 形管和微型集气瓶的导管、带橡皮塞的导管之间要紧密接触,使微型装置能够向上直立起来。在微型气体实验器的底部的凹坑内加入适量的碳酸钙粉末,再用塑料滴管分别在直管部分的小凹坑内滴有 1～2 滴紫色石蕊试液和 1～2 滴澄清石灰水。在胶头滴管内吸入稀盐酸,插入微型气体实验器的支管内,在微型集气瓶口塞一团棉花挤压胶头,滴入稀盐酸,产生二氧化碳,在微型集气瓶内用向上排气法收集二氧化碳,然后用燃着的木条检验二氧化碳。将生成的二氧化碳在装置内直接与小凹坑内的紫色石蕊试液和澄清石灰水反应,要注意观察实验现象,比较反应前后的变化。用砂纸打磨镁带,取出表面的氧化物膜,剪成条状并绕成螺旋状,点燃后立即插入充满二氧化碳气体的微型集气瓶内,同时加压塑料滴管的吸泡,滴入稀盐酸,补充二氧化碳的量,观察镁带在二氧化碳中燃烧的现象。用橡皮塞塞紧微型集气瓶的瓶口,再制取少量二氧化碳,排除细径内的空气。然后再反复挤压几次胶头(此时滴管内的稀盐酸已经消耗完),促使二氧化碳溶解。稍等片刻后,我们会看到氢氧化钠溶液通过细径被吸入微型集气瓶,形成喷泉。

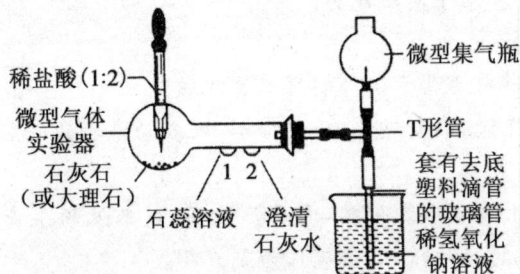

图 5-12　制取二氧化碳的微型化一体设计

【教学建议】

(1)教学中,要注意"一个结合与一个联系"。"一个结合"是指在学习二氧化碳的实验室制法时,应该结合氧气的实验室制取的两种方式进行对比,发现其异同处:如为什么制取二氧化碳的装置与高锰酸钾加热制取氧气的装置有很大差异,却与双氧水制取氧气装置几乎没有差别;为什么两者的收集方法既有共同之处,又有不同之处;为什么装置气密性的检查原理相似,操作方法却不同。建议这些问题在适当的时机呈现给学生,以加深对实验室制取气体各个要素有比较全面的了解。"一个联系"是指制取过程的一些重要的、关键的操作应联系物质的性质、实验的原理,若考虑发生装置,则必须联系反应物的状态、反应原理(反应条件);若考虑收集装置,则必须联系生成物的性质(密度、水溶性等)。

(2)气密性检查是初中化学学习的一个难点。手捂加热的方法是学生已知的,但是很多学生并不理解其原理和设计方法,因此在练习中常常出现生搬硬套的错误。对气密性检查方法的梳理与总结是一个良好的契机,让学生分析几种气密性检查方法,认识改变温度或其他方法都是利用压强差原理,因此,检查装置气密性就是要使装置内的压强发生改变,并使这种改变得以用冒气泡形成液柱等现象表现出来。

【教学案例】二氧化碳的实验室制法

【设计背景】

按照实验室制取气体原理的选择要求,将学生知道的可以得到二氧化碳的多种方法进行逐一筛选,当学生选择大理石与稀盐酸反应作为实验室制取二氧化碳的原理后,为了使学生对实验室制取二氧化碳原理的理解更加深入,再请学生设计实验探究碳酸钙形状、酸的种类对此反应的影响。实验室制取二氧化碳气体的发生装置是在原来学生熟悉装置上进行改进并动手搭建的,充分体现了课堂上以学生为主体,发挥学生的主观能动性,培养学生的探究能力和动手实践能力。

【教学实录】

设问:你知道有哪些方法可制得二氧化碳?

学生:讨论交流,木炭燃烧、碳酸分解、人或动植物的呼吸、煅烧石灰石、大理石与盐酸反应。

讲解:工业上制取二氧化碳,需要产量高、成本低的生产方式。煅烧石灰石生产石灰石的同时,二氧化碳作为副产物。

小结:CO_2工业制法:$CaCO_3 \xmapsto{\text{高温}} CaO + CO_2 \uparrow$。

设问:实验室选择哪种方法来制取少量纯净的二氧化碳气体,为什么?

学生:交流。

小结:CO_2 实验室制法:$CaCO_3 + 2HCl = CaCl_2 + CO_2\uparrow + H_2O$。

设问:现有块状碳酸钙和粉末状碳酸钙,应该选择哪一种碳酸钙进行反应呢?

学生:(大部分认为)都可以。

学生实验:在两支试管中都加入 2 mL 稀盐酸。分别加入少量块状和粉末状固体碳酸钙,观察现象,在表格中记录反应的剧烈程度。

	粉末状碳酸钙	块状碳酸钙
稀盐酸		

结论:应该选择块状碳酸钙和稀盐酸反应,因为反应速率适中,而粉末状碳酸钙与稀盐酸反应太快。

设问:大家知道实验室常见的酸除了盐酸外还有硫酸,实验室制取二氧化碳时为什么选择稀盐酸而不选择稀硫酸呢?

学生实验:在两支试管中加入块状碳酸钙,分别加入 2 mL 稀盐酸和稀硫酸,观察实验现象,在表格中记录反应的剧烈程度。

	稀盐酸	稀硫酸
块状碳酸钙		

讲解:实验室制取二氧化碳时不选择稀硫酸的原因,稀硫酸与大理石反应生成硫酸钙、水和二氧化碳,由于硫酸钙是微溶物,会覆盖在大理石表面,阻止反应继续进行。

设问:可以选择怎样的装置作为实验室制取二氧化碳的发生装置,为什么?

学生:实验室制取二氧化碳的反应原理是固体与液体反应,反应不需要加热。

PPT 展示:展示装置图,如图 5-13 所示。

设问:这两个装置在反应过程中可以随时添加药品使反应开始,能不能改进装置使反应随时停下来呢?

引导:如何改进?(使固体与液体随时分开)

设计:学生设计固体与液体随时分离的装置。

学生:小组讨论改进装置并搭建装置。

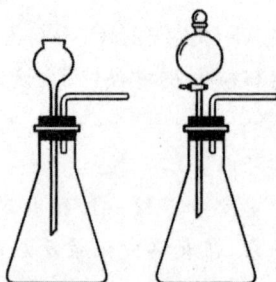

图 5-13　实验装置

讲解:荷兰科学家启普设计的气体发生器使用时打开活塞,大理石与盐酸接触,不断产生气体。不用时关闭导管上的活塞,在气体压强作用下,酸液被压入球形漏斗内,大理石与盐酸脱离接触,反应停止。人们称这种装置为启普发生器(图 5-14)。

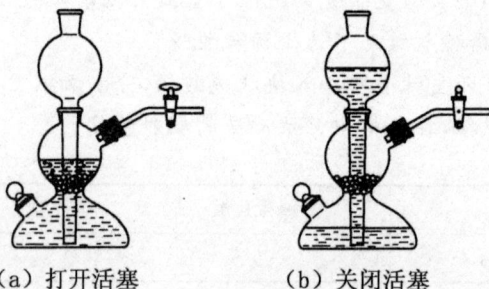

（a）打开活塞　　　　　（b）关闭活塞

图 5-14　启普发生器

操作:打开和关闭启普发生器的活塞,观察气体产生情况。

学生:观察。

设问:启普发生器适用什么状态的反应物?

学生:启普发生器——块状固体和液体反应,不需要加热。

设问:实验室可以用什么方法收集二氧化碳呢?

学生:向上排空气法,因为二氧化碳的密度比空气大。

设问:如何检验和验满二氧化碳?

学生 1:用澄清石灰水是否变浑浊来检验二氧化碳。

学生 2:将燃着的木条放在集气瓶口,观察是否熄灭来验满二氧化碳。

学生实验:学生使用与启普发生器原理相同的简易装置制取二氧化碳气体,并检验。

【教学反思】

本节课通过实验探究实验室制取二氧化碳气体的原理和装置,探究内容比较多,要合理安排学生的探究时间,根据学生的具体情况,尤其是搭建与启普发生器原理相似的装置时,学生会遇到一定的困难,教师不仅要准备充足的实验仪器及用品来满足学生搭建装置的需要,同时也需要教师给予适当的点拨和引导,使学生顺利完成搭建装置任务。

【案例评析】

初中化学要求学生对实验室制取气体的反应原理和药品作出正确的选择,这是初中化学实验教学的一大难点。物质制备原理和药品的选择往往是在对所有能生成该物质的反应中进行分析和筛选得出的,需要考虑的因素较多,如反应速率、药品来源、制得的物质的纯度、是否符合绿色化学原则等。在实际选择时,学生往往不会将这些原则融会贯通。教材的编者也考虑到这个问题,所以在相关的章节中安排了探究实验,帮助学生通过比较实验来理解反应原理和药品选择原则。教师可以根据实际需要,将教材中的实验内容进行适当的扩展,增加对比组,使学生能从更多的角度加深对选择原则的理解。

5.3　气体的净化与干燥

实验中所用气体往往需要净化和干燥。用于气体净化的吸收剂和脱水的干燥剂,应根据气体的性质和其中所含杂质的类型进行选择。例如,净化和干燥二氧化碳气体,可先将气体通入水中除去酸雾,再通入浓硫酸中除去水分。

5.3.1　气体净化的几种方法

选择气体吸收剂应根据气体的性质和要除去的杂质的性质而定,其原则是:所用吸收剂只能吸收气体中的杂质;不能与被提纯的气体反应;不能引入新的杂质。在多种气体杂质共存时,要注意除杂顺序。选择吸收装置时,要注意进、出气体导管连接方法,若用洗气瓶,注意"长进短出",若用干燥管,注意"大进小出"。

5.3.1.1　吸收法

用吸收剂将杂质气体吸收除去。如除去 CO 中混有的少量 CO_2,可先用浓 NaOH 溶液吸收 CO_2，再用浓硫酸等干燥剂除去水蒸气。

常见气体吸收剂见表 5-1。

表 5-1　常见气体吸收剂

吸收剂	吸收的气体杂质	吸收剂	吸收的气体杂质
水	可溶性气体：HCl、NH_3 等	NaOH 固体	CO_2、HCl、H_2
无水 $CuSO_4$	H_2	碱石灰	CO_2、HCl、H_2
灼热的铜网	O_2	NaOH 溶液	CO_2、HCl
灼热的 CuO	H_2、CO	浓硫酸	H_2

5.3.1.2　转化法

通过化学反应，将杂质气体转化为所要得到的气体。如，除去 CO_2 中的少量 CO，可将混合气体通过足量的灼热 CuO，$CO+CuO \stackrel{\triangle}{=\!=\!=} Cu+CO_2$。

常见气体杂质的除去方法见表 5-2。

表 5-2　常见气体杂质的除去方法

气体杂质	除去方法或试剂
H_2	通过灼热的 CuO，然后再除去产生的水蒸气
CO	通过灼热的 CuO，然后再除去产生的 CO_2
O_2	通过灼热的 Cu 网，原理：$2Cu+O_2 \stackrel{\triangle}{=\!=\!=} 2CuO$
CO_2	通过澄清石灰水或 NaOH 溶液（后者吸收效果更好）
H_2O	通过无水 $CuSO_4$ 或浓 H_2SO_4（后者除去 H_2O 时常用）
HCl	通过 $AgNO_3$ 溶液或 NaOH 等碱性溶液（后者吸收效果更好）

5.3.2　气体的干燥

除去气体中所含的水分的操作叫作气体的干燥。气体的干燥是通过干燥剂来实现的，选用干燥剂应根据气体的性质和干燥剂的性质而定，一般原则是酸性干燥剂不能用来干燥碱性气体，碱性干燥剂不能用来干燥酸性气体，干燥装置由干燥剂状态决定。

5.3.2.1　常见的干燥剂

常见的干燥剂见表 5-3,其采用的干燥装置如图 5-15 所示。

表 5-3　常见的干燥剂

干燥剂			可干燥气体	不可干燥气体	干燥装置
名称或化学式	酸碱性	状态			
浓 H_2SO_4	酸性	液态	H_2、N_2、O_2、CO_2、HCl、CH_4、CO 等	NH_3	(a)
固体 NaOH、生石灰	碱性	固态	H_2、O_2、N_2、CH_4、CO、NH_3 等	CO_2、SO_2、HCl	(b)或(c)
无水 $CaCl_2$	中性	固态	除 NH_3 外所有气体	NH_3	(b)或(c)

5.3.2.2　常用干燥装置

干燥气体通常用的仪器是干燥管,干燥管中的干燥剂可使气体干燥。操作时应把干燥剂放在干燥管的球形部位,干燥剂的选用要根据气体的性质确定。例如,由于氨气能与氯化钙反应生成 $CaCl_2 \cdot 8NH_3$,所以不能用氯化钙干燥氨气,同样道理也不能用浓硫酸干燥氯化氢及氨等气体。干燥剂的颗粒大小要适当,太小会减少颗粒间的空隙,使气体不易通过,降低干燥效率;太大则会减少气体和干燥剂的接触面积,同样会降低干燥效果。常用干燥装置如图 5-15 所示。

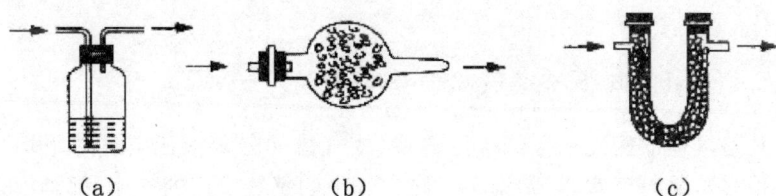

(a)　　　　　　　(b)　　　　　　　(c)

图 5-15　常用干燥装置

注意:选择吸收装置时,要注意进、出气体导管的连接方法,若用"洗气瓶",要注意"长进短出",若用干燥管要注意"大进小出"。先除去气体中含有的其他杂质,干燥除去水蒸气的操作放在最后。

5.4 气体的收集方法

气体的收集方法是根据气体的性质大致可分为排水集气法和排空气集气法两种。其中排空气集气法又分为向上排空气法和向下排空气法。

5.4.1 排水集气法

凡是不与水发生反应或难溶于水的气体,如氧气、氢气、一氧化氮、一氧化碳、甲烷、乙烯、乙炔等气体均可采用排水集气法收集。现以氧气为例,介绍排水集气法的具体操作方法。

氧气微溶于水,采用排水集气法收集。排水集气法所用的主要仪器是水槽、毛玻璃片和集气瓶,首先向水槽内装水,大约装入水槽容积的 2/3 为宜(应视集气瓶的多少灵活掌握,以使收集气体时水不外溢为准)。然后,将集气瓶放在水槽内并盛满清水,再将毛玻璃片推在集气瓶瓶口上,不要使瓶内留有空气泡,最后将毛玻璃片盖住集气瓶口,将集气瓶倒插入水槽内,抽去毛玻璃片,使其靠近水槽内壁,以备收集气体用。当看到气泡从导气管中连续冒出片刻以后,将导管插入集气瓶内,这时可观察到气体将集气瓶中的水排除瓶外。当集气瓶中的水被排后将导管移出,再插入另一集气瓶中按同样方法收集。把收集好气体的集气瓶在水下将毛玻璃片推在瓶口上,并用手按住玻璃片,将集气瓶移出水槽,正放在实验台上,以备实验用。

5.4.2 排空气集气法

5.4.2.1 向下排空气集气法

凡是气体的密度比空气小得较多(或气体的分子量比空气的平均分子量小得多),易溶于水,在常温下不跟空气中的氧气反应的气体,都可以采用向下排空气集气法收集,如氢气、氨气等。收集气体的装置如图 5-4(c)所示。导管口或管口应朝下。收集氨气的集气瓶或试管必须干燥,收集时可在瓶口或管口处贴一张湿润的红色石蕊试纸,以检查氨气是否充满瓶或试管,用集气瓶收集时,收集完后应慢慢地将导管移出并用毛玻璃片盖住瓶口,倒放在实验台上备用,若用试管收集氢气进行纯度检验时,可在移出导管后用右手拇指迅速堵住试管口,使试管口朝下,当移近酒精灯火焰时,再使管口稍朝上,对着火焰若听到轻微的"喷"响声,表明收集到的氢气已纯净。凡未经检验纯度的氢气绝对不能在导管上点燃。

5.4.2.2　向上排空气集气法

凡是气体密度比空气大得多(或分子量比空气的平均分子量大得多)易溶于水,在常温下不跟空气中的氧气反应的气体,都可以采用向上排空气法收集,如氧气、二氧化氮、氯化氢、二氧化碳、二氧化硫等。收集气体的装置如图 5-4(b)所示。收集气体的集气瓶必须干燥,并使瓶口向上,导管管端必须接近集气瓶底部,以利于将瓶内的空气排出。瓶口应盖上带孔硬纸片,以防气体逸出,利用红、蓝石蕊试纸或气体的颜色,可判断气体是否收集满瓶,收集完后,应将导管慢慢地移出瓶外(最好在毛玻璃和集气瓶口涂一点凡士林,以防气体扩散)盖住瓶口,以备实验用。

注意事项:排空气集气法操作简便,但所收集的气体纯度不高。为了使气体迅速充满整个集气瓶,并把空气尽量排出,应使导管伸到瓶底。收集气体时,为了减少空气向瓶内扩散和收集的气体向外逸出,瓶口处应放一毛玻璃片。

第6章　物质的检验与鉴别

　　物质的鉴别和鉴定是化学实验中的重要组成部分。鉴别通常是对两种或两种以上的物质进行定性辨认,可根据一种物质的特性区别于另一种物质,也可根据几种物质的气味、溶解性、溶解时的热效应等一般性质的不同加以区别。鉴定是对一种物质的定性检验,一般是根据物质的化学特征,检验出它是不是这种物质。物质的鉴别和鉴定主要是依据物质的特殊性质或特殊的实验现象进行,所以解题关键是掌握物质的特性。

6.1　物质的检验方法

　　物质的检验可分为鉴定和鉴别两种情况,它们是根据物质的特性,通过一定的化学实验操作,对物质的成分进行定性的判断。鉴定,一般指对一种物质的定性鉴定;鉴别,则是指对两种或两种以上物质的辨认。鉴定和鉴别物质所用的反应多数是离子反应,实际操作一般可以分两步进行,如表 6-1 中所示。

表 6-1　操作方法

检验类型	鉴别	利用不同物质的性质差异,通过实验,将它们区别开来
	鉴定	根据物质的特性,通过实验检验出该物质的成分,确定它是否是这种物质
	推断	根据已知实验及现象,分析、判断、确定被检的是什么物质,并指出可能存在什么,不可能存在什么
检验方法		①若是固体,一般应先用蒸馏水溶解; ②若同时检验多种物质,应将试管编号; ③要取少量溶液放在试管中进行实验,绝不能在原试剂瓶中进行检验; ④叙述顺序应是:实验(操作)→现象→结论→原理(写方程式)

6.1.1　检验物质的根据

检验某种物质是根据某物质在化学反应中的一些特征反应来判断的。检验一种物质常被称为物质的鉴别。在设计检验物质的实验手续或回答这类问题时,要弄清题目里在概念上的要求。

(1)如在几种不同的盐类中,要求鉴别那种是盐酸盐。检验试样中的盐酸盐,实际上是根据氯离子的特征反应。

(2)如题目要求我们鉴别哪种物质是食盐?那么不仅要证明酸根部分的阴离子是氯离子,而要用焰色反应证明阳离子部分是 Na^+。

(3)如果要求一一鉴别,那就要一个个地鉴定出来。而如果是从许多种物质中选定一种,那也应在许多试样中一一鉴别之后选定。

(4)在概念上还应使检验与提纯分清。如:

①除去。这是指将某物质里的杂质除掉,如食盐中除去泥沙。被除去部分一般就不要了。这与检验物质是两回事。

②分开。这是指将两种或两种以上混在一起的物质,利用它们的性质不同将其分开。如将 Na_2CO_3 与 $CaCO_3$ 可利用溶解性粗略地分开,分开之后,两者都要。而不能分出 Na_2CO_3 丢了 $CaCO_3$。这属于提纯,不同于检验。被分离开的物质,还要保持原状态。

当然,提纯以后又有检验证明的要求,那就是提纯与检验的综合了。

总之,概念要清楚,审题要仔细。

6.1.2　常见的几种检验

6.1.2.1　硫酸盐检验

取硫酸或硫酸盐溶液加 $BaCl_2$(或其他可溶性钡盐溶液),再加稀盐酸出现白色 $BaSO_4$ 沉淀,就证明溶液中有 SO_4^{2-} 存在。

6.1.2.2　碳酸盐的检验

(1)加热法。一般情况下钾、钠以外的许多碳酸盐(包括酸式盐)固体都可以受热分解,有 CO_2 逸出,所以可用来粗略地检验。

(2)加酸检验气体法。取未知盐,加入盐酸,如有能使石灰水混浊的气体生成,也可粗略地鉴别碳酸盐。

6.1.2.3　氯离子的检验

与硝酸银反应生成不溶于硝酸的白色沉淀。

6.1.2.4　铵盐的检验

由于铵盐与碱共热有 NH_3 生成,所以,取未知盐与碱共热,各有能使湿润红色石蕊试纸变蓝的气体生成,则可粗略地验定为铵盐。

6.1.3　检验的一般步骤

6.1.3.1　气体检验

检验是否充满,除 H_2 以外,使用排气取气法收集气体时,因为气体无色,怎样检验是否充满呢? 一般方法如下:

(1)O_2。用带火星木条平置于瓶口。

(2)CO_2。用燃烧的木条平置于瓶口。

(3)HCl。①看瓶口白雾粗略地判定;②用湿润蓝试纸平置瓶口,在充 HCl 气时应保持平稳,否则会影响实验效果。

总之,检验是否充满要在瓶口平置检验物,如检验瓶内有没有时要将检验物伸入试样瓶内。

6.1.3.2　晶体物检验

一般晶体物被检验时,步骤如下:

(1)提取试样有许多未知物时要提取试样,给一小包时,也应提出一部分做试样。

(2)将试样配成适当量的溶液。

(3)将盛试液的容器做标志并标号。

(4)提取试液一部分进行检验。

6.1.4　检验中的注意事项

(1)要全面考虑除杂原则,防止虽然除去了原有的杂质,但同时又带进了新的杂质。

(2)选择试剂和实验措施应注意三个原则:不能引入新杂质;提纯后的物质成分不变;实验过程和操作方法简单易行。

(3)物质提纯和净化时要注意下列几点:所加试剂和被提纯的物质不能发生化学反应;所选择的反应要具有较大的不可逆性,即反应要完全,为了使杂质能除尽,所加的试剂要稍过量;加入的试剂以不引入新的杂质为好;提纯物易分离。

(4)物质的检验要经历方法的选择(包括物理方法和化学方法)、现象的观察及逻辑推理得出结论三个步骤,缺一不可。尽可能选择特效反应以减少干扰。

(5)有机物的提纯与分离中很少使用过滤、结晶等方法,较多地使用蒸馏(可分馏)、分液等方法,以及物理与化学的综合法。

在分离提纯有机物时,常犯的错误是套用无机分离中的反应转化法。例如,除去乙酸乙酯中混有的乙酸,如果采用加入乙醇及催化剂并加热的方法,试图将乙酸转化为乙酸乙酯,这是适得其反的。其一是加入的试剂难以除去;其二是有机反应缓慢、复杂,副反应多,该反应是可逆反应,不可能反应到底将乙酸除尽。

6.2　常见物质的主要物理性质

6.2.1　物质的主要物理性质

6.2.1.1　物质的颜色

1)固体物质的颜色

(1)白色。$CuSO_4$、MgO、Al_2O_3、P_2O_3、CaO、$Ca(OH)_2$、$CaCO_3$、$KClO_2$、KCl、$NaCl$、Na_2CO_3 等。

(2)黑色。C(木炭)、CuO、MnO_2、Fe_3O_4,Fe 粉。

(3)红色。Cu、Fe_2O_3。

(4)蓝色。$CuSO_4 \cdot 5H_2O$。

(5)绿色。$Cu_2(OH)_2CO_3$。

(6)淡黄色。S。

(7)暗紫色。$KMnO_4$。

2)沉淀的颜色

(1)不溶于水也不溶于稀硝酸的白色沉淀物是 $AgCl$、$BaSO_4$ 等。

(2)不溶于水但能溶于酸,且能产生大量气泡,生成能使澄清石灰水变浑浊的气体的白色沉淀物是 $CaCO_3$、$BaCO_3$ 等。

(3)不溶于水,能溶于酸,但没有气泡生成的白色沉淀物是 $Mg(OH)_2$、$Zn(OH)_2$ 等。

(4)不溶于水的蓝色沉淀物是 $Cu(OH)_2$ 等。

(5)不溶于水的红褐色沉淀物是 $Fe(OH)_3$ 等。

3)溶液的颜色

(1)蓝色。含 Cu^{2+} 的溶液,如 $CuSO_4$ 溶液 $CuCl_2$ 溶液(带绿色)等。

(2)黄色。含 Fe^{3+} 的溶液,如 $Fe_2(SO_4)_3$ 溶液 $FeCl_3$ 溶液等。

(3)浅绿色。含 Fe^{2+} 的溶液,如 $FeSO_4$ 溶液,$FeCl_2$ 溶液等。

6.2.1.2　有刺激性气味

有刺激性气味的液体是 SO_2、HCl 等。

6.2.1.3　酸、碱、盐的溶解性

常见的酸、碱、盐的溶解规律如下:

(1)硝酸盐,都能溶,钾、钠、铵盐也相同。(所有的钾盐、钠盐、铵盐、硝酸盐都是可溶于水的,加入水中即可溶解)

(2)碳酸盐只有钾、钠、铵,除此三种全不溶,$MgCO_3$ 微溶。(①磷酸盐、硅酸盐同;②碳酸氢盐都能溶)。[碳酸盐中只有磁酸钾、碳酸钠、碳酸铵三种都能溶于水,除此三种全不溶于水,碳酸镁微溶。(①硅酸盐、磁缩较盐的溶解性同碳酸盐;2 碳酸氢盐都能溶)]

(3)硫酸盐多数溶,不溶只有铅和钡,微溶还有钙与银。(硫酸盐中只有硫酸铅和硫酸钡不溶于水,硫钙、硫酸银微溶于水,其他硫酸盐都能溶于水)

(4)其他盐酸盐,沉淀有氯化银 AgCl、氯化亚铜 CuCl、氯化亚汞 HgCl。(盐酸盐中氯化银 AgCl、氯化亚铜 CuCl、氯化亚汞 HgCl 不溶于水,其他的都可以溶于水)

(5)碱类多数都不溶,钾、钠、钡、氨溶,钙微溶。(碱类的物质如氢氧化钠、氢氧化钾、氢氧化钡、一水合氨等能溶于水,氢氧化钙微溶于水,其他的碱都不溶于水。)

6.2.1.4　金属活动性顺序

K　Ba　Ca　Na　Mg　Al　Mn　Zn　Cr　Fe
Co　Ni　Sn　(H)　Cu　Hg　Pb　Ag　Pt　Au

钾、钡、钙、钠、镁、铝、锰、锌、铬、铁、钴、镍、锡、氢、铜、汞、铅、银、铂、金

各种金属的金属性从左到右递减,对应金属的简单的,一般正价的离子氧

化性从左到右递增(特殊 $Hg^{2+} < Fe^{3+} < Ag^+$)。还有 $Cu(+1)$；Mn 有 $+2$、$+4$、$+7$ 价。

金属(由强到弱)：铯最强,然后是稀土、钡、铷、再然后是钾>钙>钠>镁>锂>铝>铍>锰>锌>铁>钴>镍>锡>铅>铜>汞>银>铂>金。

金属活动性和反应的剧烈程度无关。

金属活动性规律如下：

(1)排在前面的金属可以将排在后面的金属从它们的金属溶液中置换出来。(若金属过于活泼,则会直接与水反应,并不会与水中的金属离子反应)。

(2)理论上讲,金属活动性表中铁及排在其前的金属均可置换出纯水中的氢。

(3)若只考虑氧离子的氧化性,排在氢(H)前的金属才能种氧化性被反应,置换出置。

(4)排在越后的金属越容易,也越先从它们的化合物中被置换出来,排在越前的金属越容易,也越先把其他化合物中的金属置换出来。

6.2.2　氧气的物理性质

通过观察氧气样品,结合生活中一些常见现象和已学知识,总结归纳氧气在常状况下的物理性质。

【实验原理】
通过观察并结合已有的知识经验,归纳氧气的物理性质。

【实验准备单】
集气瓶、氧气。

【实验装置与操作】
(1)观察一瓶氧气,结合生活经验和已学的知识,归纳氧气的物理性质。
(2)安排学生分小组讨论,总结归纳氧气的物理性质,填写表格。

颜色	气味	状态	密度	溶解度	沸点	熔点

【教学建议与案例】
教师可以设置一些问题,如"为什么可以用排水法收集氧气""鱼等水生动物为什么能长时间生活在水中""充满氧气的集气瓶为什么应瓶口向

上放置在桌上"等，通过这些问题，引导学生回忆所学知识，归纳氧气物理性质。

6.2.3　二氧化碳的物理性质

通过二氧化碳的密度实验，了解二氧化碳是一种密度比空气大的气体；通过二氧化碳的溶解实验，了解二氧化碳是一种可溶于水的物质。

【实验原理】

根据物质质量与其密度关系、体积关系式 $m = \rho V$ 可知，当两种物质的体积一定时，这两种物质的质量比等于其密度比，所以，当体积相同时，质量大的其密度也大。

当二氧化碳等可溶性气体在密闭容器中溶于水时，会导致容器内压强降低，利用这一变化使之产生一些明显的实验现象，就可以证明二氧化碳可溶于水。

【实验准备单】

空气、二氧化碳气体、托盘天平、集气瓶、铁架台、铁丝、棉线、软塑料袋、蒸馏水、塑料瓶、试管、橡皮塞。

【实验装置与操作】

（1）调节托盘天平平衡，取两个质量相近的集气瓶，一只收集满空气、另一只收集满二氧化碳，将其同时放在天平的两个托盘上，天平向二氧化碳的一侧倾斜。

（2）如图 6-1 所示，在铁架台上悬挂一根铁丝，用棉线在铁丝两端各系一只塑料袋，将两只塑料袋的口打开，并使之充满空气，调节"自制天平"平衡。将一瓶二氧化碳气体沿其中一只塑料袋口倾倒，可观察天平向添加二氧化碳的一端倾斜。

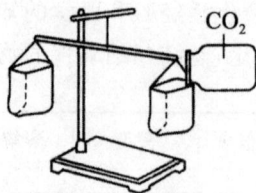

图 6-1　铁架台

（3）取一软塑料瓶，收集满一瓶二氧化碳，迅速向其中加入约半瓶蒸馏水，塞紧瓶塞，用力振荡，观察现象。塑料瓶瘪了。

（4）用向上排空气法收集一试管二氧化碳气体，塞紧橡皮塞，将其倒扣入盛水的玻璃水槽,试管口浸没于水中,取下橡皮塞,轻轻晃动试管,观察到试管中的液面略有上升。

【实验问题与探究】

二氧化碳在水中的溶解比例大约是 1∶1,因此,理论上水能占据试管的所有体积,但是实际上短时间内并不能看到水充满试管,且在几个小时内也只能看到试管中液面有所上升。这是因为二氧化碳使用排空法收集的,所以不能保证 100％ 纯净。

6.2.4　金属的物理性质

探究镁的物理性质。

【实验原理】

通过看、摸、折及导电性等实验活动,了解的镁的物理性质。

【实验准备单】

干电池、小灯泡(或音乐贺卡)、砂纸、镁带。

【实验装置与操作】

(1)观察镁带的外观,用砂纸打磨镁带。打磨前,镁带呈暗灰色;打磨后,镁带呈银白色。

(2)轻轻弯折镁带,发现镁带很容易被弯折,说明金属镁质地较软。

(3)用打磨好的镁带代替导线连接干电池与小灯泡(或音乐贺卡),构成闭合回路,发现小灯泡亮了,说明金属镁能导电。

6.2.5　浓盐酸的物理性质

【实验原理】

浓盐酸具有挥发性。

【实验准备单】

浓盐酸、水。

【实验装置与操作】

观察浓盐酸的状态、颜色,比较它与同体积水的质量大小。打开瓶塞,观察发生的现象,闻一闻是否有气味。

【实验问题与探究】

注意闻气体药品的正确方法,小心倾倒和使用浓盐酸,防止沾到衣服或皮肤上。

6.2.6　氢氧化钠的物理性质

【实验准备单】

表面皿、镊子、试管、氢氧化钠固体、水。

【实验装置与操作】

观察氢氧化钠固体的颜色、状态;用镊子取一小块氢氧化钠固体放在表面皿上,放置一会儿,发现表面皿上的固体变潮湿了;用镊子取三小块氢氧化钠固体放入盛有少量水的试管中,并用手触摸试管外壁,氢氧化钠固体放入水中后,液体温度升高。

【实验问题与探究】

不能直接用手接触氢氧化钠固体,小心其腐蚀性。

6.2.7　氢氧化钙的物理性质

【实验原理】

氢氧化钙为白色固体,微溶于水。

【实验准备单】

试管、药匙、氢氧化钙、水。

【实验装置与操作】

观察氢氧化钙的颜色和状态;用药匙取少量氢氧化钙放入水中,放置一会儿观察溶解现象,并用手触摸试管外壁。氢氧化钙为白色粉末状固体,微溶于水、溶于水时不放热。

6.3　常见物质的主要化学特性及重要反应现象

6.3.1　氧的主要化学特性及重要反应现象

通过一些非金属单质、金属单质、化合物、混合物等不同物质在氧气中燃烧(或加热)的实验,探究得出氧气的化学性质比较活泼,在常温下或加热条件下,能与许多物质发生化学反应。

6.3.1.1　氧气与非金属单质反应

【实验原理】

氧气与木炭、红磷、硫黄、氢气反应,生成对应的氧化物。

【实验准备单】

集气瓶、燃烧匙、酒精灯、烧杯、氧气、澄清石灰水、木炭、硫黄、红磷、氢气。

【实验装置与操作】

(1)木炭在氧气中燃烧。把一小块木炭放在燃烧匙中加热到红热状态,将盛有木炭的燃烧匙伸入充满氧气的集气瓶中,木炭(主要成分是碳)在氧气中燃烧比在空气中更旺,发出耀眼的白光,并放出大量热。燃烧停止后,立即向集气瓶中倒入澄清石灰水,振荡,澄清石灰水变浑浊。

(2)红磷在氧气中燃烧。在燃烧匙中盛少量红磷,用酒精灯点燃,将盛有红磷的燃烧匙伸入充满氧气的集气瓶中,观察发现红磷剧烈燃烧,放出大量热,同时产生浓厚的白烟。

(3)硫黄在氧气中燃烧。在燃烧匙中盛少量硫黄,用酒精灯点燃,发现硫黄在空气中燃烧发出微弱的蓝色的火焰。将盛有硫黄的燃烧匙伸入充满氧气的集气瓶中,观察发现硫黄在氧气中燃烧比在空气中剧烈,发出明亮的蓝紫色火焰,并有刺激性气味气体产生。

(4)氢气在氧气中燃烧。在带尖嘴的玻璃导管口点燃纯净的氢气,观察到氢气在空气中燃烧时产生淡蓝色火焰。然后在火焰上方罩一个冷而干燥的烧杯,一会儿,烧杯内壁有水珠生成,接触烧杯的手感到发烫。

6.3.1.2　氧气与金属单质反应

【实验原理】

氧气与铁、镁铝、铜等金属单质反应,生成对应的金属氧化物。

【实验准备单】

集气瓶、燃烧匙、火柴坩埚钳、石棉网、酒精灯、氧气、铁丝、镁带、铝箔、铜丝、细沙(或水)。

【实验装置与操作】

(1)铁丝在氧气中燃烧。在螺旋状铁丝末端绑上一根火柴,用坩埚钳夹住铁丝并点燃其末端的火柴,待火柴即将燃尽时,将铁丝迅速伸入集满氧气的集气瓶中。(事先在集气瓶底部铺一层细沙或放一些水)

(2)镁带在空气中燃烧。用坩埚钳夹住镁带,点燃后移至石棉网上方,镁带在空气中剧烈燃烧,发出耀眼的白光,同时生成白色粉末。

(3)铝箔在氧气中燃烧。把 2 cm×5 cm 铝箔的一端固定在粗铁丝上，另一端裹一根火柴。点燃火柴，待火柴快要燃尽时，立即把铝箔伸入充满氧气的集气瓶中(事先在集气瓶底部铺一层细沙或放一些水)。观察铝箔在氧气中剧烈燃烧，放出大量热：和耀眼的白光。

(4)铝箔在空气中燃烧。用坩埚钳夹住 2 cm×5 cm 铝箔置于酒精灯火焰上加热，由于铝箔表面有一层致密的氧化物膜(氧化铝)，所以观察发现被酒精灯火焰加热部分的铝箔熔化而不滴落，此时用尖头镊子，在熔化而不滴落的铝箔上撕开氧化物膜，我们可以看到裸露出来的铝在空气中燃烧。

(5)在空气中加热铜丝。把一根粗铜丝在酒精灯火焰上加热，发现亮红的铜丝表面变黑。

【实验问题与探究】

(1)铝的化学性质非常活泼。在空气中容易被氧化形成一层致密的氧化物膜。在实验中，应事先对铝箔进行预处理，常用的方法是用氢氧化钠溶液浸泡铝箔，实验时取出铝箔冲洗，吸干后立即点燃。

(2)在酒精灯火焰上加热时，铜丝也会因受热而变得红热，将红热的铜丝从酒精灯火焰上拿开，冷却片刻后观察，亮红色的铜丝变成黑色。

6.3.1.3 氧气与化合物反应

【实验原理】

氧气与一氧化碳、甲烷、乙醇等化合物反应，生成对应的氧化物。

【实验准备单】

蒸发皿、火柴、坩埚钳、石棉网、酒精灯、氧气、一氧化碳、甲烷、乙醇、澄清石灰水。

【实验装置与操作】

(1)一氧化碳燃烧。在盛有一氧化碳的贮气瓶的导管口点火，一氧化碳燃烧，发出蓝色的火焰；把一个内壁沾有澄清石灰水的烧杯罩在蓝色火焰上方，观察到烧杯内壁的澄清石灰水变浑浊。

(2)甲烷的燃烧。点燃导气管口放出的甲烷，观察到火焰明亮并呈蓝色。在火焰上方罩一个冷而干燥的小烧杯，过一会儿，烧杯内壁出现水雾，迅速把烧杯倒过来，倒入少量澄清石灰水，观察到烧杯内的澄清石灰水变浑浊。

(3)酒精燃烧。在蒸发皿中加适量酒精，点燃，酒精燃烧，产生蓝色火焰。在火焰上方罩一个冷而干燥的小烧杯，过一会儿，烧杯内壁出现水雾，迅速把烧杯倒过来，倒入少量澄清石灰水，观察到烧杯内的澄清石灰水变浑浊。

【实验问题与探究】

在点燃一氧化碳、甲烷等可燃性气体前必须检验这些气体的纯度,以防止点燃不纯的可燃性气体发生爆炸。

6.3.1.4　氧气与混合物反应

【实验原理】

蜡烛在氧气中燃烧。

【实验准备单】

集气瓶、燃烧匙、蜡烛、小木条、氧气、澄清石灰水。

【实验装置与操作】

(1)蜡烛在氧气中燃烧。将蜡烛固定在燃烧匙上,在空气中点燃蜡烛,发出红光;把点燃的蜡烛伸入集满氧气的集气瓶中,蜡烛在氧气中燃烧比在空气中更旺,发出耀眼白光,并放出大量热。燃烧停止后,等稍稍冷却,观察到集气瓶壁上有水雾出现。取出蜡烛,向集气瓶中倒入少量澄清石灰水,振荡,澄清石灰水变浑浊。

(2)把带火星的木条伸到盛有氧气的集气瓶中,观察木条复燃。

6.3.2　二氧化碳的主要化学特性及重要反应现象

6.3.2.1　利用二氧化碳灭火的实验

通过二氧化碳灭火的实验,认识二氧化碳不能燃烧,不能助燃的化学性质以及密度比空气大的物理性质。

【实验原理】

在通常情况下,二氧化碳不能燃烧,也不能助燃,且密度比空气大,所以它可以覆盖在可燃物表面,隔绝空气,起到灭火作用。

【实验准备单】

大理石、稀盐酸、锥形瓶、玻璃导管、乳胶管、二氧化碳、铁片、集气瓶、玻璃片、两支蜡烛(长度分别为 9.5 cm、6.5 cm)、火柴、干燥的烧杯等。

【实验装置与操作】

(1)如图 6-2 所示,在锥形瓶中放入大理石,用长颈漏斗加入稀盐酸,用向上排空法收集二氧化碳,一段时间后,将点燃的火柴放置于集气瓶口,火柴迅速熄灭。

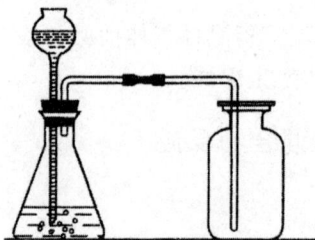

图 6-2　收集二氧化碳

（2）阶梯状蜡烛熄灭实验。如图 6-3 所示，将铁片弯折成两层阶梯状放入大烧杯中，在每一层阶梯上放一支蜡烛，点燃蜡烛，将事先收集好的二氧化碳气体沿着烧杯内壁缓缓倒入，发现两支蜡烛都逐渐熄灭，下层的先熄灭，上层的蜡烛后熄灭。

图 6-3　将 CO_2 倒入烧杯

【实验问题与探究】

倾倒二氧化碳气体时，必须小心，切勿直接对着蜡烛的火焰倾倒，最好用玻璃片隔着慢慢倾倒。为了保证实验效果，也可以用一个漏斗或者倒置去底的塑料瓶伸入烧杯底部，二氧化碳倾倒入其中，缓慢的到达烧杯底部，不至于直接对着蜡烛火焰倾倒。

6.3.2.2　二氧化碳与水反应

观察二氧化碳溶于水时的变化，了解二氧化碳与水反应的化学性质。

【实验原理】

二氧化碳不仅能溶于水，而且还能与水反应生成碳酸：$H_2O + CO_2 == H_2CO_3$。碳酸的热稳定性很差，常温下就会分解为二氧化碳和水。

【实验准备单】

大理石、稀盐酸、蒸馏水、紫色石蕊试液、试管、橡皮塞（单孔）、玻璃导管、乳胶管、铁架台、酒精灯、试管夹、火柴等。

【实验装置与操作】

(1)取两支试管,分别编号 A 和 B。

(2)在试管 B 中加入约 2 mL 蒸馏水,并滴入 2 滴紫色石蕊试液;在另一只试管中加入大理石,再注入一定量的稀盐酸,迅速塞上带有导管的单孔橡皮塞。

(3)将导管末端伸入试管 B 中,如图 6-4 所示,溶液颜色逐渐由紫色变成红色。将试管 B 取下,放在酒精灯上加热,直至液体沸腾,溶液又恢复紫色。

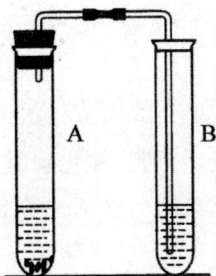

图 6-4　二氧化碳与水反应

【实验问题与探究】

该实验有一个缺点,仅能说明二氧化碳溶于水后使紫色石蕊试液变红,但无法说明究竟是二氧化碳使石蕊试液变红,还是生成的碳酸使石蕊试液变红。

6.3.2.3　二氧化碳与澄清石灰水反应

通过二氧化碳与澄清石灰水的反应,认识二氧化碳与氢氧化钙等碱性溶液反应的化学性质。

【实验原理】

二氧化碳属于酸性氧化物,与可溶性的碱(氢氧化钙)反应生成盐和水,其化学方程式为:

$$Ca(OH)_2 + CO_2 = CaCO_3 \downarrow + H_2O$$

【实验准备单】

一瓶碳酸型饮料(可乐、雪碧)、澄清石灰水、带导管的单孔塞、导管、试管、吸管。

【实验装置与操作】

(1)如图 6-5 所示,打开一瓶碳酸型饮料,塞上带导管的单孔塞,另一端伸入装有澄清石灰水的试管中,振荡饮料,澄清石灰水变浑浊。

图 6-5　二氧化碳与澄清石灰水反应

(2)在试管中装入澄清石灰水 2~3 mL,用吸管向澄清石灰水中吹气,一段时间后,澄清石灰水变浑浊。

【实验问题与探究】

向澄清石灰水中通入(或吹入)二氧化碳时,要控制通入气体的量,以免出现浑浊现象消失,因此可以提醒学生看到溶液变浑浊即立刻停止通入二氧化碳。

6.3.3　金属的化学性质

6.3.3.1　金属与氧气反应

通过实验探究金属与氧气反应。观察金属在氧气中燃烧的实验现象,认识金属的还原性。

【实验原理】

多数金属在常温下或加热条件下与空气中氧气发生化合反应。

【实验准备单】

试管、滴管、酒精灯、火柴、石棉网、砂纸、镁带、铝片、铝箔、铝粉、铜片、坩埚钳。

【实验装置与操作】

(1)用坩埚钳夹持一段用砂纸打磨过的镁带,用酒精灯外焰加热镁带。当镁带开始燃烧时,将它移至石棉网上方。观察到实验现象:耀眼白光、产生白烟、放出大量的热、生成白色固体。

(2)用坩埚钳夹持一段用砂纸打磨过的铝片,用酒精灯外焰加热铝片。铝片没有燃烧,其表面光泽消失,变成灰白色,酒精灯外焰处的铝片有熔化现象,没有任何物质滴落。

(3)用坩埚钳夹持一段用砂纸打磨过的铜片,用酒精灯外焰加热铜片。

铜片没有燃烧,没有熔化现象,铜片离开火焰后,其表面变黑。

(4)取出一张铝箔,剪成长条状,铝箔的一端固定在粗铁丝上,其另一端裹一根火柴,用坩埚钳夹住粗铁丝,在酒精灯火焰上点燃。待火柴快燃尽时,立即把铝箔伸入充满氧气的集气瓶中,铝箔燃烧,发出耀眼的白光。

(5)用药匙取少量铝粉均匀的铺在滤纸上,再将滤纸卷起来。用坩埚钳夹住裹有铝粉的滤纸卷在酒精灯火焰上点燃后,迅速伸入盛有氧气的集气瓶中,铝粉燃烧,发出明亮的白光。

(6)点燃酒精灯,用药匙取少量铝粉,在酒精灯火焰上方轻轻抖动药匙,撒落铝粉,铝粉遇酒精灯火焰立即燃烧,现象十分明显。

【实验问题与探究】

(1)不同金属与氧气反应的激烈程度不同,这是因为金属的化学性质各不相同。另外,金属表面的氧化物膜的致密程度也影响金属与氧气的反应,如铝虽然是比较活泼的金属,但其表面有致密的氧化物膜,所以内部的铝不易与氧气进一步发生反应。

(2)要想观察铝片或者较厚的铝箔在空气中燃烧,可以在铝片或铝箔熔化而未滴落部位,用镊子或者针划破表面的氧化物膜,可以观察到金属铝的燃烧。铝粉因表面积增大,与氧气的接触面积增大,因此,很容易燃烧。

(3)火焰是可燃性气体或蒸气燃烧产生的,固体燃烧是没有火焰的。硫黄或者镁带的燃烧也看到火焰的产生,这是因为这些物质熔点相对较低,固体受热发生熔化并汽化产生蒸汽,这些蒸气燃烧便产生了火焰。

6.3.3.2　金属与酸反应

观察金属与酸反应的实验现象,认识置换反应。

【实验原理】

活泼金属能与稀盐酸或稀硫酸发生置换反应。

【实验准备单】

试管、滴管、砂纸、镊子、镁带、铝片、锌粒、铁片、铜片、稀盐酸(1∶4)、稀硫酸(1∶4)、点滴板、铁钉。

【实验装置与操作】

(1)将金属镁带、铝片、锌粒、铁片、铜片用砂纸打磨后,分别放入 5 支试管中,再分别加入相同浓度、相同体积的稀盐酸,观察实验现象。镁带反应最剧烈,产生大量气泡,镁带浮于酸表面,很快便消失了;铝片反应速率次之,然后是锌粒,而铁片表面只有少量气泡产生,铜片表面没有气泡产生。实验结束后,回收金属片,处理废液。

(2)将稀盐酸换成稀硫酸,重复上述实验操作,现象相似,但整体速率比金属与盐酸反应稍慢。

(3)也可以将试管换成点滴板,分别放入较小的镁带、锌粒、铁钉、铜丝,倒入稀盐酸。用稀硫酸代替稀盐酸重做以上实验。

【实验问题与探究】

(1)欲比较几种金属与酸反应速率的快慢,最好能保证金属单质的表面积大致相当,否则我们无法对反应速率的快慢进行比较。

(2)铝片表面有一层致密的氧化物膜,所以仅仅靠砂纸打磨,去除效果不是很好。因此,我们可以在实验前将铝片浸泡在氢氧化钠溶液中,使用前再将铝片从氢氧化钠溶液中取出,用蒸馏水冲洗干净后立即使用,否则铝片表面又会被氧化。

6.3.3.3 利用金属与酸反应制取氢气

学习实验室制取氢气的方法。

【实验原理】

金属锌与稀盐酸反应制取氢气: $Zn + 2HCl^- = ZnCl_2 + H_2\uparrow$

金属锌与稀硫酸反应制取氢气: $Zn + H_2SO_4 = ZnSO_4 + H_2\uparrow$

【实验准备单】

大试管、橡皮塞(单孔)、导管、铁架台、锌粒、稀硫酸(1:4)、稀盐酸(1:4)。

【实验装置与操作】

(1)制取少量的氢气。按图 6-6 所示,搭配好装置。检查装置的气密性。在大试管中加入 8~10 粒锌粒,再加入稀硫酸或稀盐酸,约占试管容积的 1/4,迅速塞紧橡皮塞,锌粒表面产生气泡。待试管内空气排尽后,用向下排空气法或排水法收集一小试管氢气,并用爆鸣法检验氢气的纯度。

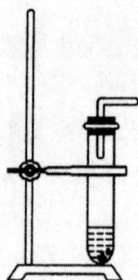

图 6-6 制取少量的氢气

(2)制取较多量的氢气。按图 6-7 所示,搭配好装置。检查装置的气密性。在大试管中加入 10~20 粒锌粒,再向分液漏斗中加入少量稀硫酸或稀盐酸。打开分液漏斗开关,向大试管中加入少量稀硫酸或稀盐酸,锌粒表面产生气泡。待试管内空气排尽后,用向下排空气法或排水法收集一小试管氢气,并用爆鸣法检验氢气的纯度。控制分液漏斗开关,加入所需要酸液,用排水法或排空气法收集所需要气体。

图 6-7　制取较多量的氢气

(3)启普发生器简易装置制取氢气。如图 6-8 所示,搭配好装置。检查装置的气密性。先将带孔的塑料隔板的长颈漏斗拉出一些,使塑料隔板接近试管口,将 10～20 粒锌粒置于隔板上后,迅速塞紧橡皮塞,再向长颈漏斗中加入稀硫酸(稀盐酸),使其能浸没锌粒,此时锌粒表面产生大量气泡。待试管内空气排尽后,用向下排空气法或排水法收集氢气。当暂时不需要氢气时,用止水夹夹住乳胶管,大试管内部不断增加的氢气压强,将反应后的混合溶液压回长颈漏斗中,导致酸液与锌粒分离,反应停止。若还需要氢气,则打开止水夹,试管内外压强又恢复相等,则酸液又恢复浸没锌粒的位置,反应继续,氢气又持续不断地产生。

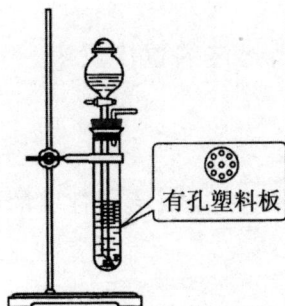

有孔塑料板

图 6-8　简易装置制取氢气

【实验问题与探究】

(1)检验氢气纯度的方法。收集一小试管氢气,用拇指堵住试管口,管口向下(因为氢气密度比空气小),移向酒精灯火焰,松开拇指,若听到尖锐的爆鸣声,则说明氢气不纯;若听到轻微的"噗"声,则说明氢气已经达到可以直接点燃的要求。这种方法还可以应用于其他可燃性气体点燃前的验纯。

(2)锌粒纯度越低,反应速率越快。(可以用废旧电池的金属外壳代替锌粒)

(3)若反应速率过慢,可以在稀硫酸中滴加几滴硫酸铜溶液,或用稀硫酸代替稀盐酸。

(4)检查图 6-7 装置的气密性的方法有三种:①关闭分液漏斗的活塞,将导管的另一端放入盛有水的烧杯或水槽中,双手握住大试管(或用酒精灯对着大试管稍稍加热),导管口有气泡冒出,松开手,导管内到吸入一段水柱,说明装置的气密性良好;②将导管的另一端放入盛有水的烧杯或水槽中,向分液漏斗中加入水,打开分液漏斗活塞,导管口有气泡冒出,说明装置气密性良好;③用止水夹夹住乳胶管,向分液漏斗中加入水,打开分液漏斗的活塞,片刻后,分液漏斗中的水不再流下,则说明装置气密性良好。

(5)通过分液漏斗控制添加试剂的量来控制反应速率或产生气体的量,以获得较为平稳的气流。

(6)稀盐酸具有一定挥发性,会使制得的氢气中混有少量氯化氢气体,但锌与稀盐酸反应的反应速率比稀硫酸快些。综合各方面因素考虑,建议还是选用稀硫酸与锌反应制取氢气比较合适。

(7)不纯的锌粒中常常含有铅(Pb)、铋(Bi)、铜(Cu)、锡(Sn)等杂质,当锌与酸发生反应时,这些金属杂质就游离出来呈微粒状态显黑色,且部分会沉积在金属锌表面。它们能形成无数原电池,对氢气的生成速率起促进作用。

6.3.3.4　金属与盐溶液的置换反应

了解置换反应。

【实验原理】

金属活动性强的金属能把金属活动性弱的金属从其盐溶液中置换出来。

【实验准备单】

试管、滴管、铝片、铁片、铜片、硫酸铜溶液、硝酸银溶液。

【实验装置与操作】

(1)取三支试管,分别加入约 5 mL 的硫酸铜溶液,再分别加入打磨过的铝片、铁片、铜片,观察实验现象。

(2)取三支试管,分别加入约 5 mL 的硝酸银溶液,再分别加入打磨过的铝片、铁片、铜片,观察实验现象。

【实验问题与探究】

活泼金属(如金属铝)与硫酸铜溶液反应时,可能会有少许气泡产生,这是因为硫酸铜溶液呈酸性的原因。

6.4　常见物质的鉴别

物质的鉴别和鉴定是有区别的。鉴别是通过实验将已知的几种物质加以区别,比较简单;鉴定要确定被检验物质就是指定的物质,对于组成物质的各部分要分别给予证明,并一一检验出来,难度较大。

物质的鉴别和鉴定是根据物质的不同性质,特别是要根据物质特性的差异来进行。要求选择适当的试剂,简便的方法,实验现象要明显,结论可靠。

解答鉴别、鉴定题时,要求层次分明,一般是"先取样,后操作";答题叙述要严密,要"先现象,后结论"。有时也用框图形式来答题,使卷面清楚明了。

6.4.1　几种常见的鉴别方法

(1)用一种试剂鉴别多种物质。如果待检验的物质之间有明显的酸碱性差异,可选用适当的指示剂或 pH 试纸检验。如果待检验的物质之间有较明显的溶解性差异,可用水使其溶解来检验。如果待检验的物质中含有不同的阳离子,可选用强碱溶液来检验。如果被检验的物质中有不同的阳离子和不同的阴离子时,则要分别考虑不同阳离子需要何种离子来鉴别,不同的阴离子需要何种离子来鉴别,然后将这两种离子结合起来组成一种试剂。

(2)用多种试剂鉴别一组物质。有些组内物质鉴别的方法有多种,选择时不能遗漏;有时还要选出最简单的方法加以鉴别。用多种试剂逐一检验组内各物质时,要特别注意前面加进去的试剂不能干扰后面离子的检验。

(3)不用其他试剂鉴别一组物质。

①追尾法。先鉴别出其中具有特殊物理性质(如颜色、气味等)的物质,再用这种物质作试剂鉴别出其他物质,依次类推(类似于汽车发生事故时的追尾现象),直至全部鉴别出来。

②互滴法。将被鉴别的溶液(一般均为无色)两两互滴混合,列表记录所产生的现象,再根据被鉴别物质的相互关系对照所记录的现象,对号入座

——鉴别。如表 6-2 所示。

表 6-2　几种常见有机物的鉴别方法

要鉴别的物质	所需试剂	反应现象
烯烃或炔烃	加少量溴水或酸性高锰酸钾溶液	震荡后褪色
苯或苯的同系物	加酸性高锰酸钾	前者不褪色后者褪色
苯酚	加氯化铁溶液呈紫色	呈紫色
	加浓溴水	生成白色沉淀
有醛基的物质	新制的银氨溶液	有银镜生成
	新制的 $Cu(OH)_2$ 悬浊液	有砖红色沉淀生成
淀粉	加碘水	变蓝
蛋白质	加硝酸	呈黄色
	灼烧	有烧焦羽毛的气味

6.4.2　离子、气体的鉴别

主要掌握对 H^+、OH^-、Cl^-、SO_4^{2-}、CO_3^{2-}、NH_4^+、Ag^+、Fe^{3+}、Cu^{2+} 等离子的检验。下面分别列出了一些常见阳离子、阴离子、气体和有机物的鉴别方法。

常见阳离子的鉴别方法如下：

（1）H^+。可用蓝色石蕊试纸、紫色石蕊试液测试。①pH 试纸用玻璃棒蘸取溶液，沾到 pH 试纸上，半分钟后和比色卡比较，pH 小于 7。②蓝色石蕊试纸用玻璃棒蘸取溶液沾到试纸上，蓝色石蕊试纸变红。③锌片取少量溶液于试管，加入锌片，有气体生成。

（2）NH_4^+。NaOH 溶液并加热。取少量溶液于试管，加入少量 NaOH 溶液并加热，有刺激性气味气体生成，产生刺激性气体使湿润的红色石蕊试纸变蓝。

$$NH_4^+ + OH^- = NH_4^+ \uparrow + H_2O$$

（3）Ag^+。含 Cl^- 的溶液。取少量溶液于试管，加入含 Cl^- 溶液（如 HCl 或 $BaCl_2$），有不溶于稀 HNO_3 的白色沉淀生成。

（4）Fe^{3+}。NaOH 溶液。取少量溶液于试管，滴入 NaOH 溶液，有红褐色沉淀生成。当向盐的溶液中加入硫氰化钾溶液，溶液变血红色。

$$Fe^{3+} + SCN^- = [Fe(SCN)]^{2+}$$

该反应还可能有其他产物,此处不用叙述。

(5)Fe^{2+}。溶液是黄色。向盐的溶液中加入少量的碱溶液(如 NaOH 溶液),出现白色沉淀,迅速转化成蓝、绿色,最后变成红褐色。

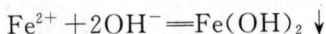

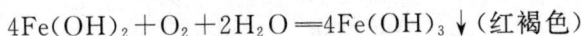

$$Fe^{2+}+2OH^- \!=\! Fe(OH)_2 \downarrow$$

$$4Fe(OH)_2+O_2+2H_2O \!=\! 4Fe(OH)_3 \downarrow (红褐色)$$

(6)Cu^{2+}。NaOH 溶液。取少量溶液于试管,滴入 NaOH 溶液,有浅蓝色沉淀生成。

$$Cu^{2+}+2OH^- \!=\! Cu(OH)_2 \downarrow$$

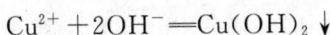

加强热变黑色沉淀:

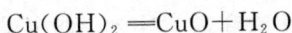

$$Cu(OH)_2 \!=\! CuO+H_2O$$

(7)Al^{3+}。向盐的溶液中加入少量的碱溶液(如 NaOH 溶液),出现白色絮状沉淀。

$$Al^{3+}+3OH^- \!=\! Al(OH)_3 \downarrow$$

加入过量碱溶液时沉淀消失。

(8)Mg^{2+}。向盐的溶液中加入碱溶液(如 NaOH 溶液),出现白色沉淀

$$Mg^{2+}+2OH^- \!=\! Mg(OH)_2 \downarrow$$

加入过量碱溶液时沉淀不溶解。

(9)K^+、Na^+、Ca^{2+}。用洁净的镍铬丝蘸取盐的水溶液(或盐的粉末)在无色的火焰中烧灼,出现紫色火焰为 K^+;出现黄色火焰为 Na^+;出现深红色火焰为 Ca^{2+}。

采用离子的焰色反应灼烧钾盐时,应隔着蓝色的钴玻璃片观察火焰的颜色。

常见阴离子的鉴别方法如下:

(1)OH^-。①pH 试纸用玻璃棒蘸取溶液,沾到试纸上,半分钟后和比色卡比较,pH 大于 7。②红色石蕊试纸用玻璃棒蘸取溶液沾到试纸上,红色石蕊试纸变蓝。③酚酞溶液取少量溶液于试管,滴于酚酞试液,溶液变红。

(2)Cl^-(可溶性氯化物)。滴入 $AgNO_3$ 溶液有白色沉淀(不溶于酸)生成。

$$Ag^++Cl^- \!=\! AgCl \downarrow$$

(3)SO_4^{2-}(可溶性硫酸盐)。$BaCl_2$ 溶液和稀 HNO_3。取少量溶液,滴入 $BaCl_2$ 试剂和稀 HNO_3,有白色沉淀生成。

$$Ba^{2+}+SO_4^{2-} \!=\! BaSO_4 \downarrow$$

(4)CO_3^{2-}。①稀 HCl 取少量溶液于试管,加入稀 HCl,有无色无味的气体生成。②稀盐酸并通入澄清石灰水石灰水变浑浊。

$$CO_3^{2-} + 2H^+ = H_2O + CO_2 \uparrow$$
$$CO_2 + Ca(OH)_2 = CaCO_3 \downarrow + H_2O$$

(5)Br^-(可溶性溴化物)。滴入 $AgNO_3$ 溶液,有淡黄色沉淀(不溶于酸)生成。

$$Ag^+ + Br^- = AgBr \downarrow$$

(6)I^-(可溶性碘化物)。滴入 $AgNO_3$ 溶液,有黄色沉淀(不溶于酸)生成。

$$Ag^+ + I^- = AgI \downarrow$$

(7)S^{2-}(可溶性硫化物)。滴入 $Pb(NO_3)_2$ 溶液,有黑色沉淀生成。

$$Pb^{2+} + S^{2-} = PbS \downarrow$$

(8)PO_4^{3-}。$AgNO_3$ 溶液和稀 HNO_3。取少量溶液,滴入 $AgNO_3$ 试剂和稀 HNO_3,黄色沉淀(溶于强酸)

$$3Ag^+ + PO_4^{3-} = Ag_3PO_4 \downarrow$$

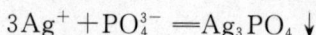

(9)NO_3^-。浓硫酸和铜屑混合,有红棕色气体产生。

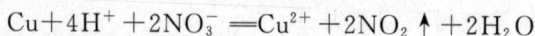

$$Cu + 4H^+ + 2NO_3^- = Cu^{2+} + 2NO_2 \uparrow + 2H_2O$$

重要气体物质的鉴别方法如表 6-3 所示。

表 6-3　重要气体物质的鉴别方法

气体名称	鉴别方法及反应现象	反应原理
氢气	收集在试管中,在管口点燃时发出爆鸣声	$2H_2 + O_2 \xrightarrow{\text{点燃}} 2H_2O$
氧气	将留有火星的木条插入氧气瓶中,木条会复燃	氧气的助燃性
氯气	根据颜色,呈黄绿色者即为氯气(或使湿润的碘化钾淀粉试纸变蓝)	$2KI + Cl_2 = 2KCl + I_2$ 碘遇淀粉变蓝
二氧化硫	无色,有刺激性气味,遇品红溶液能使其褪色,加热时又恢复颜色	跟色素化合成不稳定的无色物质
一氧化氮	暴露在空气中立即变为红棕色	$2NO + O_2 = 2NO_2$(红棕色)
二氧化氮	根据颜色,呈红棕色者即为 NO_2,且水溶液呈酸性	$3NO_2 + H_2O = 2HNO_3 + NO \uparrow$
二氧化碳	通入澄清石灰水中,出现白色沉淀	$CO_2 + Ca(OH)_2 = CaCO_3 \downarrow + H_2O$

续表

气体名称	鉴别方法及反应现象	反应原理
氯化氢	水溶液呈酸性，加入 $AgNO_3$ 溶液出现白色沉淀	$HCl + AgNO_3 == AgCl\downarrow + HNO_3$
硫化氢	具有腐蛋恶臭，能使硝酸铅试纸（湿润）变黑色	$H_2S + Pb(NO_3)_2 == PbS\downarrow + 2HNO_3$
氨	有刺激性气味，能使湿润的红色石蕊试纸变蓝色	$NH_3 + H_2O \rightleftharpoons NH_4^+ + OH^-$
甲烷	点燃时火焰不明亮，不能使高锰酸钾溶液或溴水褪色	$CH_4 + O_2 \xrightarrow{点燃} CO_2\uparrow + H_2O$
乙烯	能使高锰酸钾溶液或溴水褪色，点燃时火焰明亮	易被氧化，能发生加成反应，乙烯含碳量较高，点燃时火焰内部有碳粒燃烧
乙炔	能使高锰酸钾溶液或溴水褪色，点燃时冒黑烟	易被氧化，能发生加成反应，乙炔含碳量较高，点燃时，能游离出碳，故冒黑烟

第 7 章　物质的分离与提纯

物质的分离和提纯主要是抓住物质之间性质上的差异。物质的分离要求物质经过变化分开后,恢复到原来的状态。物质的提纯只需将不纯的物质除去即可。

7.1　物质分离与提纯的原理和注意事项

7.1.1　物质分离与提纯的原理

物质的分离是通过适当的方法,把混合物中的各组分物质彼此分开,并且恢复到各种物质的原来存在状态,分别得到纯净物;而物质的提纯是通过适当的方法把混入某物质里的少量杂质除去,以便获得相对纯净的物质。

7.1.2　混合物的分离与提纯的区别与联系

7.1.2.1　分离与提纯的区别与联系

分离是用物理的或化学的方法将混合物中各组分一分开,最后要求得到各组分的纯净物的方法。提纯和分离的手段在很多情况下是相似的,但分离比提纯的步骤要多,因为各组分均要保留,经过化学反应使混合物中的组分经转化而分离后还要复原为原来的组分物质。

7.1.2.2　注意的问题

分离提纯时应遵循以下原则:

(1)采用化学方法提纯时,选择的试剂一般只能跟杂质反应,不能跟被提纯的物质反应。

(2)在除杂过程中不能引入新的杂质。

(3)有多种杂质需要除去时,要考虑加入试剂的顺序。

(4)一般情况下,提纯时只需加入适量的除杂试剂,但是,为了保证将杂质除尽,所加的试剂必须过量,提纯后还应选择适当的试剂除去过量的试剂。

(5)实际操作时,经常是物理方法和化学方法综合运用。

如除去 Cu 粉中混入的少量 CuO,有以下两种方法:①加适量的稀硫酸或盐酸,然后过滤可得到 Cu 粉;②先通入 H_2 或 CO 气体,过一会儿再加热混合物直到黑色完全变红为止,即可得到 Cu 粉。在两种方法的对比中,由于方法中还需要先制 H_2 或 CO 的装置,与方法①比较,步骤较多,操作较复杂,因此选择方法①最好。又如,NaCl 溶液中混入少量的 Na_2SO_4,可加入可溶性钡盐将 SO_4^{2-} 转化为 $BaSO_4$,沉淀而除去,而可溶性钡盐只能选择 $BaCl_2$,而不能选择 $Ba(NO_3)_2$,若选用 $Ba(NO_3)_2$,虽然能除去 Na_2SO_4,但同时又引入了新的杂质。

7.2　混合物分离与提纯的方法

7.2.1　物理方法

7.2.1.1　过滤

欲把不溶于水的固体物质与水分离,可采用过滤的方法。先将圆形滤纸对折成半圆,再对折成 1/4 圆,然后将其分成三层和一层并展开成圆锥形,放入漏斗中。为了防止滤液外溢,滤纸的上缘应低于漏斗边缘 2～3 mm,过长的滤纸应剪掉。再用少量蒸馏水湿润滤纸,使其紧贴漏斗内壁,中间若有气泡,应用手指轻压,把气泡压出。这样做,有利于过滤时形成液柱,从而加快过滤速度。

操作时,应把漏斗放在漏斗架或铁架台的铁环上。漏斗的下口应紧贴接收器的内壁,这样一方面可以防止滤液溅出,另一方面由于滤出液和器壁有浸润现象,还可以加快过滤速度。过滤时,将烧杯中的滤液沿倾斜的玻璃棒流入漏斗内,玻璃棒的下端需靠在滤纸层数较多一边的中间部位,液面要低于滤纸边缘 2～3 mm,否则会冲破滤纸或使滤液从滤纸和漏斗内壁之间流过。将需过滤的液体转移到漏斗后,还要用蒸馏水清洗 2～3 次,使烧杯内的固体物质全部倾入漏斗中。最后,再清洗烧杯内壁和玻璃棒几次,并将清洗液全部移入漏斗中。

过滤操作的要点可概括为"两低两靠"。所谓"两低",是指滤纸边缘要低于漏斗边缘,液面要低于滤纸边缘;所谓"两靠"是指玻璃棒的下端要靠在滤纸层数多的一边,漏斗下口要靠在接收器内壁上。

过滤主要用于:

(1)分离不溶性固体和液体。如除去水中的泥沙,直接过滤即可。

(2)分离不溶性固体和可溶性固体,此法通常先溶解,再过滤,后结晶。如分离 KCl 和 MnO_2。

7.2.1.2　蒸发与结晶

若要从少量的液体里得到晶体或把稀溶液浓缩,可采用蒸发的方法。蒸发操作是在蒸发皿中进行的,需蒸发的液体必须是稳定物质的溶液,即在高温下不易分解的物质。蒸发皿可放在三脚架上或铁架台的铁环上,用火焰直接加热。倒入蒸发皿的液体量一般不得超过蒸发皿体积的 2/3,蒸发皿外部不能有水,以防加热时炸裂。加热蒸发时,还应不断地用玻璃棒搅拌,以促使溶剂蒸发。

晶体从溶液中析出的过程叫作结晶。对溶解度受温度影响不大的固体物质,可采用蒸发溶剂的方法使固体溶质从饱和溶液中析出;对溶解度受温度影响较大的固体物质,可采用自然冷却的方法获得晶体,即冷却热的饱和溶液,使溶质从溶液中结晶析出。加热蒸发的方法上面已经介绍过。自然冷却时,一般情况下,溶液冷却的速度快,则生成的晶体小,冷却的速度慢,则生成的晶体大。若欲得到纯度更高的晶体,可采用重结晶的方法,即把得到的晶体再溶于蒸馏水,过滤后再结晶。这样重复的次数越多,所得的晶体纯度就越高。

蒸发用于分离固体溶质和溶剂,如从 $ZnSO_4$ 溶液中得到 $ZnSO_4$ 晶体。

结晶通常用于分离溶解度受温度的变化影响不同的两种可溶性固体,其步骤是:制高温饱和溶液→降温→析晶→过滤。如需得到纯度更高的晶体,可将上述步骤重复进行,这样的分离方法叫作重结晶或再结晶。例如可用结晶法分离 KNO_3 和 NaCl。

7.2.1.3　蒸馏

蒸馏是根据液体沸点高低不同,利用加热使液体混合物分离的方法。

(1)用于分离沸点不同的液态混合物。如从石油中分离出汽油、煤油等。

(2)除去液体里混有的杂质,例如制取蒸馏水。

实验室里的蒸馏装置由蒸馏器(圆底蒸馏烧瓶)、冷凝器和接收器三部分组成。蒸馏烧瓶一般应用圆底而不用平底,因为平底烧瓶膨胀系数小,容易破裂。烧瓶内的蒸馏液最多不能超过烧瓶容积的 2/3,最少不能少于1/3,若装入量过多,当加热沸腾时,蒸馏液有可能冲出烧瓶;若装入量过少,则蒸馏结束时,会有较大比例的蒸馏液残留在瓶底不能蒸出。蒸馏用的温度计是测量蒸气温度的,应通过橡皮塞插入瓶颈的中央,其水银球上限应和蒸馏烧瓶支管的下限在同一水平线上,这样可以使温度计的水银球完全被蒸气包围,从而正确地测量出蒸气的温度。整理烧瓶的支管通过橡皮管伸入冷凝管扩大部分的 1/2 左右。蒸馏瓶还必须干燥,尤其是外部不能有水。烧瓶下部应垫石棉网,安装时,应同时考虑蒸馏烧瓶和冷凝管的倾斜位置,做到合理、方便。铁夹应夹在冷凝管的中央处,并且使蒸馏烧瓶的支管和冷凝管在一条直线上。这样,既可以使装置严密,又不会因转动冷凝管而折断蒸馏烧瓶的支管。接收器中的接引管(接应管、承接管)和冷凝管之间以及接应管和锥形瓶之间不应用橡皮管连接,而应与外界大气相通。为防爆沸,加入蒸馏液后要往蒸馏烧瓶内加些碎瓷片(沸石)。切忌中途把沸石加进已受热接近沸腾的蒸馏液中,以免由于沸石的加入,突然放出大量蒸气而造成强烈的爆沸,使部分蒸馏液冲出瓶外。装置完后,应先往冷凝管外通冷水,再用酒精灯加热整理烧瓶。当烧瓶中仅残留少量蒸馏液时(1～2 mL),应停止蒸馏,先停火,后停水,若用此装置做"石油的分馏"实验,由于橡皮管溶于汽油中,所以最好选用软木塞,可事先用水玻璃涂抹软木塞,以提高其气密性及耐温能力。

7.2.1.4　萃取

萃取又叫溶剂提取法。它是利用同一种溶质在不同的溶剂中溶解度有差别的原理进行分离、提取的基本操作。它适合于溶液中所含溶质的量较少,用结晶法达不到提纯目的的情况。

萃取所用的主要仪器是分液漏斗。因此,应首先检查分液漏斗的分液性能。检查漏斗上口的玻璃塞和下面的活塞是否严密时,可用水进行检查。检查完后,需在活塞上涂一薄层凡士林,在塞好塞子并旋转数圈,使凡士林分布均匀,然后装入试剂。例如,若要用四氯化碳萃取碘,第一步,可用量筒量取碘的饱和溶液 10 mL 和四氯化碳 3 mL,分别从上口注入锥形瓶分液漏斗中,盖好上面的玻璃塞。第二步,振荡分液漏斗,使两液层充分接触,达到萃取彻底的目的。振荡的方法是:用右手握住漏斗上口的颈部,使玻璃塞顶住手心,以防松脱;左手握紧漏斗活塞,这样既能防止振荡时活塞脱落,又便于灵活地旋开活塞。然后,将漏斗来回倒转振荡,同时要不断地扭开活塞,放出因振荡而生成的气体。如此反复振荡数分钟后,把漏斗放到铁架台的铁环上,让溶液静置分层。第三步是分离。将分液漏斗的凹槽或小孔对准漏斗颈上的小孔,使之与大气相通。这样,可避免因空气不能进入漏斗而造成外面的压力大于里面的压力,致使液体不能流出。再旋转下面的活塞,使底层的液体流入承受器中。待下层液体全部流完,迅速关闭活塞,再将上层液体注入另一承受器里。然后加热蒸发萃取液(若是用四氯化碳萃取碘,可在水浴上加热四氯化碳溶液),便可得到纯净的固体碘。

7.2.1.5 升华

有些固体物质加热时,不经液体直接变成气体的变化叫作升华。碘就具有这种特性。所有熔点高并且三相点的蒸汽压大的物质都容易升华。例如碘的熔点为 113.6 ℃,三相点的蒸汽压为 1 199.9 Pa(89.8 mmHg),若在敞口容器里加热碘的固体,由于碘蒸气不断逸出,达不到三相点的压力,所以碘不经溶化便直接升华。实验时,将少量碘的晶体(2～3 g)放在干燥的烧杯里,烧杯上放一盛冷水的烧瓶(注意烧杯和烧瓶外壁必须干燥),然后用酒精灯稍加热,便可以观察到紫色的碘蒸气先是充满烧杯,随后颜色变深,最后在烧瓶底部被冷却为黑紫色晶体。

利用物质的升华现象,可分离或提纯物质。如分离碘和氯化钠的混合物,可将其放在大烧杯内,盖上表面皿,加热,碘就附着在表面皿上,从而达到分离和提纯的目的。

7.2.2 化学方法

物质的分离与提纯常用的化学方法有加热法、气化法、沉淀法、置换法、酸碱溶解法、吸收法、转化法。

7.2.2.1 加热法

利用杂质的热稳定性差,采用加热(或高温煅烧)的方法除去杂质。例如除去氧化钙中混有的少量碳酸钙,就可以用高温煅烧法,化学方程式:

$$CaCO_3 \xrightarrow{\text{高温}} CaO + CO_2 \uparrow$$

7.2.2.2 气化法

将杂质转化为气体而除去。例如除去 NaCl 溶液中混有的少量

Na_2CO_3，就可以向溶液中逐滴加入稀盐酸，直至无气泡产生。化学方程式：

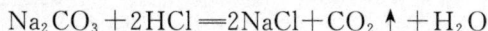

$$Na_2CO_3 + 2HCl = 2NaCl + CO_2\uparrow + H_2O$$

7.2.2.3　沉淀法

将杂质转化为沉淀，然后过滤除去。例如，除去 $MgCl_2$ 溶液中的少量 $MgSO_4$，向溶液中逐滴加入 $BaCl_2$ 溶液，至白色沉淀不再析出为止，然后过滤，滤出沉淀，即得 $MgCl_2$ 溶液。化学方程式：

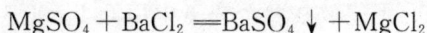

$$MgSO_4 + BaCl_2 = BaSO_4\downarrow + MgCl_2$$

7.2.2.4　置换法

利用置换反应除去杂质。例如除去 $FeSO_4$ 溶液中混有的少量 $CuSO_4$，加入过量的铁粉充分反应后过滤。化学方程式：

$$Fe + CuSO_4 = FeSO_4 + Cu$$

7.2.2.5　酸碱溶解法

用酸（或碱）的溶液溶解杂质。例如可用稀硫酸除去铜粉中混有的少量铁粉。化学方程式：

$$Fe + H_2SO_4 = FeSO_4 + H_2$$

7.2.2.6　吸收法

通常用酸、碱或盐的溶液吸收气体中的杂质。例如可以用 NaOH 溶液吸收 H_2 中混有的少量 HCl。化学方程式：

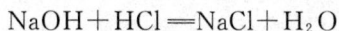

$$NaOH + HCl = NaCl + H_2O$$

7.2.2.7　转纯法

通过化学反应将杂质转化为被提纯的物质。例如除去 CO_2 中混有的少量 CO，可将气体通过灼热的氧化铜，使 CO 转化为 CO_2，化学方程式：

$$CO + CuO \xlongequal{\triangle} Cu + CO_2$$

7.2.2.8　用离子交换树脂制取去离子水

制取去离子水所用的离子交换树脂分为阳离子交换树脂（阳树脂）和阴离子交换树脂（阴树脂）。一般使用的阳树脂是国产 732 苯乙烯型强酸性阳离子交换树脂，它是一种淡黄至褐色球状颗粒。出厂的离子形式为钠型，允许的 pH 范围为 $1\sim14$，允许温度小于 110 ℃。常用的阴树脂是国产 717 苯乙烯强碱性阴离子交换树脂,它是淡黄至金黄色球状颗粒,出厂的离子形式为氯型。

使用前,应先把阳、阴树脂分别转化为氢型阳树脂和氢氧型阴树脂。因为它们能把水中的其他阳、阴离子交换上去,本身的氢和氢氧离子被交换下来,从而结合成水分子。阳树脂和阴树脂可以分开使用,也可以混合使用。

(1)对树脂的预处理,其步骤如下:

①把阳、阴树脂分别盛放在两个瓷盘中用低于 400 ℃清水清洗,直到清洗液中无污浊为止(去色素、水溶性杂质、灰尘等)。

②把阳、阴树脂分别装入换柱中,用冷水浸泡 12 h,使树脂充分膨胀。

③将树脂用酒精浸泡 24 h,再用清水洗涤至洗液无污浊和气味时为止。

④阳树脂再按下列步骤处理:

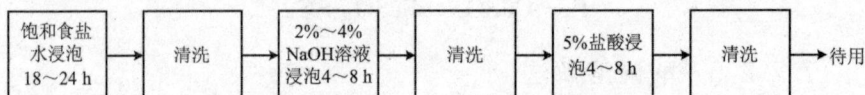

| 饱和食盐
水浸泡
18～24 h | → | 清洗 | → | 2%～4%
NaOH溶液
浸泡4～8 h | → | 清洗 | → | 5%盐酸浸
泡4～8 h | → | 清洗 | →待用 |

⑤阴树脂再按下列步骤处理:

| 饱和食盐
水浸泡
18～24 h | → | 清洗 | → | 5%盐酸浸
泡4～8 h | → | 清洗 | → | 2%～4%
NaOH溶液
浸泡4～8 h | → | 清洗 | →待用 |

(2)交换操作。把处理后的树脂,按所采用的装置连好导管。如用自来水进行交换,出水速度需控制在 $50\sim80$ L·h^{-1};若用虹吸引流,出水速度应控制在 $15\sim20$ L·h^{-1}。若停止一段时间再进行交换时,由于离子交换可逆反应,因此开始流出的水质不合格,这时要等到树脂恢复正常后,再进行接受。

(3)树脂的再生操作。

①逆洗。拆开交换柱的导管,先从出水管导入洗涤水(经过滤的清水或不合格的交换水),冲散树脂层中的集块,混悬物则从进水管中流出。再将交换柱倒置,从进水管导入洗涤水,使其从出水管中流出,洗涤下半部树脂层中的混悬物。

②酸碱液处理,向阳树脂通入 7%盐酸,向阴树脂通入 8%氢氧化钠溶液。流速控制在 $40\sim50$ mL·min^{-1},让其缓缓通过树脂层。再生时间 $1.5\sim2$ h。

③洗出酸碱液,先用洗涤水洗除阳树脂中的酸液,流速宜慢,当洗至流

出的水 pH 为 3～4 时即可;再将阴树脂交换柱接在阳树脂交换柱之后,继续以洗涤水洗除阴树脂中的碱液,直至洗到 pH 等于 7 时为止。

④对混合离子交换柱中阳、阴混合树脂的再生处理,先将树脂分离。若为强酸、强碱混合树脂,可将其置于饱和食盐水中,则强碱性阴树脂浮在上面(比重为 1.1),强酸性阳树脂沉于下部(比重为 1.3),阳、阴树脂分开后,再分别按阳、阴树脂再生处理的步骤加以处理。

(4)水质的化学检验。

①检验项目及操作。主要检验钙、镁、氯离子和水的 pH。

酸碱度检验:取本品 10 mL,加甲基橙指示剂 2 滴,不得显红色;另取本品 10 mL 加溴麝香草酚蓝指示剂 5 滴,不得显蓝色。

氯离子检验:取本品 50 mL,加硝酸 5 滴,硝酸银试液 1 mL,不得发生浑浊。

钙、镁等阳离子检验:取本品 10 mL,加氨-氯化铵缓冲溶液 1 mL,加铬黑 T 指示剂,摇荡后应呈蓝色,不得显紫色。

②试剂的配制。

甲基红试剂:取甲基红 100 mg,加 0.05 mol 氢氧化钠溶液 7.4 mL,溶解后,用新煮沸放冷的蒸馏水稀释到 200 mL。

溴麝香草酚蓝指示剂:取溴麝香草酚蓝 100 mg,加 0.05 mol 氢氧化钠溶液 3.2 mL,溶解后,用新煮沸放冷的蒸馏水稀释到 200 mL。硝酸银试剂:取硝酸银 1.8 g,加蒸馏水溶解至 100 mL,摇匀。

氨-氯化铵缓冲溶液:取氯化铵 10 g,加 20％氨水 50 mL,溶解后加蒸馏水至 500 mL。

铬黑 T 指示剂:取铬黑 T 0.125 g,加氨-氯化铵缓冲溶液 2.5 mL,溶解后,加乙醇到 25 mL。

7.3　粗盐的提纯

【实验目的】

(1)认识无机化学实验常用仪器,学会烧杯、量筒、试管等玻璃器皿的洗涤及使用方法。

(2)掌握提纯粗食盐的原理和方法。

(3)学习溶解、加热、沉淀、过滤、蒸发浓缩、结晶和干燥等基本操作。

(4)学习 SO_4^{2-}、Ca^{2+}、Mg^{2+} 的定性鉴定方法。

【预习要求】

(1)预习"化学实验基本操作"中关于溶解、蒸发、结晶和固液分离的内容。

(2)复习有关碱土金属化合物性质及离子反应等内容。

【实验原理】

粗食盐中含有不溶性杂质(如尘、砂等)和可溶性杂质(主要是 Ca^{2+}, Mg^{2+}, K^+, SO_4^{2-})。不溶性杂质可经过滤除去,可溶性杂质 SO_4^{2-}, Ca^{2+}, Mg^{2+} 可通过加入适当的沉淀剂使它们除去。

首先在食盐溶液中加入稍过量的 $BaCl_2$ 溶液除去 SO_4^{2-}

$$Ba^{2+} + SO_4^{2-} = BaSO_4(s)(白)$$

再在过滤后的溶液中加入饱和 Na_2CO_3 溶液,除去 Mg^{2+}, Ca^{2+} 及过量的 Ba^{2+}。

$$2Mg^{2+} + 2OH^- + CO_3^{2-} = Mg_2(OH)_2CO_3(s)(白)$$
$$Ca^{2+} + CO_3^{2-} = CaCO_3(s)(白)$$
$$Ba^{2+} + CO_3^{2-} = BaCO_3(s)(白)$$

滤液中过量的 Na_2CO_3 可加入 HCl 中和。

含量很少的可溶性杂质 KCl,由于其溶解度比 NaCl 大,在蒸发、浓缩和结晶过程中,NaCl 结晶出来,而 KCl 仍留在母液中。

【仪器和试剂】

(1)仪器:台秤;烧杯;量筒;长颈漏斗;漏斗架;循环水泵;吸滤瓶;布氏漏斗;石棉网;电炉或酒精灯;蒸发皿。

(2)试剂:$BaCl_2$(1 mol·L^{-1});Na_2CO_3 饱和溶液;NaOH 溶液(2 mol·L^{-1});HCl 溶液(6 mol·L^{-1});HAc 溶液(2 mol·L^{-1});$(NH_4)_2C_2O_4$ 饱和溶液;镁试剂;粗食盐;滤纸;pH 试纸。

【实验内容】

1. 粗食盐的提纯

(1)称取 8.0 g 磨碎的粗食盐,放入小烧杯中,加 30 mL 水,加热搅拌使其溶解。继续加热溶液至近于沸腾,在搅拌下滴加 1 mol·L^{-1} $BaCl_2$ 溶液至沉淀完全(约 2 mL),为了检验沉淀是否完全,可将烧杯从石棉网上取下,待沉淀沉降后,在上层清液中加入 1~2 滴 $BaCl_2$ 溶液,观察清液中是否有混浊现象。如无混浊现象,说明 SO_4^{2-} 已沉淀完全,如有混浊现象则需继续滴加 $BaCl_2$ 溶液,直至上层清液在加入一滴 $BaCl_2$ 后不再产生混浊为止。沉淀完全后继续加热 5 min。常压过滤,弃去沉淀。

(2)搅拌下在上述滤液中滴加饱和 Na_2CO_3 溶液,直至不再产生沉淀为止(5～6 mL),加热至近沸,待沉淀沉降后,于上层清液中滴加 Na_2CO_3 溶液,若不再产生混浊,常压过滤。

(3)在滤液中逐滴加入 6 mol·L^{-1} HCl 直至溶液微酸性为止(pH 为 3～4)。

(4)将溶液倒入蒸发皿中,加热蒸发浓缩至有大量 NaCl 析出,溶液成稀粥状时为止,切不可将溶液蒸干(应注意:溶液中有 NaCl 析出时会发生迸溅,要不停地搅拌)。

(5)冷却后,减压过滤,尽量将结晶抽干,再将 NaCl 结晶转移到蒸发皿中,用小火烘干。

(6)冷却后称量,计算产率。

2. 产品纯度检验

分别取 1 g 提纯后的 NaCl 和粗食盐,分别溶于约 5 mL 蒸馏水中,用下列方法检验并比较它们的纯度。

(1)SO_4^{2-} 检验:取上面的溶液各 1 mL,分别加入 2 滴 6 mol·L^{-1} HCl 和 2～3 滴 1 mol·L^{-1} $BaCl_2$ 溶液,观察有无白色 $BaSO_4$ 沉淀产生。

(2)Ca^{2+} 的检验:取上述溶液各 1 mL,加 2 mol·L^{-1} HAc 使呈酸性,再分别加 2～3 滴饱和 $(NH_4)_2C_2O_4$ 溶液,观察有无白色 CaC_2O_4 沉淀产生。

(3)Mg^{2+} 的检验:取上述溶液各 1 mL,分别加入 4～5 滴 2 mol·L^{-1} NaOH 溶液,使溶液呈碱性(用 pH 试纸检验),再分别加入 2～3 滴镁试剂,观察现象。

若溶液中有天蓝色沉淀生成,则表示有 Mg^{2+} 存在。反之,若溶液仍为紫红色,表示无 Mg^{2+} 存在。

注:镁试剂(对硝基偶氮间苯二酚)在碱性条件下呈紫红色,被 $Mg(OH)_2$ 吸附后呈天蓝色。

【思考题】

(1)在除去 SO_4^{2-} 离子时,为何加入过量的 $BaCl_2$ 溶液?为什么不用 $CaCl_2$ 除去 SO_4^{2-}?

(2)在提纯氯化钠时,为什么要先除去 SO_4^{2-} 然后再除去 Ca^{2+} 和 Mg^{2+}?先后顺序能否颠倒过来?

(3)如何检验 SO_4^{2-},Ca^{2+},Mg^{2+},Ba^{2+} 等离子是否沉淀完全?

(4)为什么在蒸发 NaCl 溶液时不能蒸干?

7.4　酸碱盐溶液的性质及除杂

7.4.1　常见的酸和碱

7.4.1.1　稀盐酸的化学性质

【实验原理】

稀盐酸能使石蕊指示剂变色;能与活泼金属单质反应生成氢气和盐;能和金属氧化物反应生成盐和水;能与石灰石等盐反应。

【实验准备单】

点滴板、试管、滴管、镊子、火柴、酒精灯、稀盐酸、石蕊试液、酚酞试液、镁、锌、铁、铜、生锈的铁钉、氧化铜、石灰石。

【实验装置与操作】

(1)在白色点滴板上滴加稀盐酸,分别滴入石蕊试液、酚酞试液,观察现象:紫色石蕊试液变成红色,无色酚酞试液没有变色。

(2)在四支试管中分别放入镁、锌、铁、铜,滴入少量稀盐酸,观察现象。装有镁、锌、铁的试管中有气泡生成,产生气体的速率不同,镁较快,锌次之。铜不能与稀盐酸反应生成气体。用拇指堵住镁和稀盐酸反应的试管口,一段时间后用点燃的火柴放在试管口,可听见爆鸣声。

(3)在试管中放入生锈铁钉,倒入少量稀盐酸,观察溶液颜色的变化,一段时间后,将铁钉取出洗净,观察铁钉表面的变化。可以观察到的现象是:溶液颜色由无色变成黄色,铁钉表面的铁锈逐渐减少,取出洗净后,露出了银白色的铁。

在试管中放入少量氧化铜,倒入少量稀盐酸,观察现象。可以观察到的现象是:溶液由无色变成蓝绿色,黑色固体逐渐减少。

(4)在试管中放入石灰石,倒入少量稀盐酸,可以观察到有气泡生成。

【实验问题与探究】

(1)铁粉与稀盐酸反应较慢,可以稍稍加热,观察溶液颜色的变化。

(2)铜与稀盐酸不反应,从而得出稀盐酸仅和部分金属反应的性质。

【教学建议】

稀盐酸具有酸的五条通性,此处只做了酸与四种物质(酸碱指示剂、金属、金属氧化物、盐)反应的性质实验,而酸与碱的反应建议放在碱的性质中再学习探究。

从金属与酸反应的速率,可以比较得出金属活动性顺序,同时从中比较得出适合实验室制备氢气的药品。

7.4.1.2　氢氧化钠的化学性质

【实验原理】

氢氧化钠能使酸碱指示剂(石蕊试液、酚酞试液)变色;与二氧化碳气体反应;与硫酸铜等盐类反应。

【实验准备单】

试管、滴管、软塑料瓶、氢氧化钠、稀盐酸、无色酚酞试液、紫色石蕊试液、二氧化碳、去壳熟鸡蛋、硫酸铜溶液、氯化铁溶液。

【实验装置与操作】

(1)取氢氧化钠溶液分别滴加在盛有紫色石蕊试液和无色酚酞试液的试管中,观察它们的颜色变化。紫色石蕊试液变蓝,无色酚酞试液变红。

(2)①向露置在空气中一段时间的氢氧化钠中滴加稀盐酸,在纯氢氧化钠固体中加稀盐酸,观察有何不同现象。向纯氢氧化钠固体中加稀盐酸时没有气泡产生,向露置在空气中一段时间的氢氧化钠中滴加稀盐酸,有气泡产生。

②现在氢氧化钠溶液中滴加酚酞试液,观察到溶液颜色变红,再通入二氧化碳气体,观察溶液颜色变化,溶液仍呈红色。

③在盛有二氧化碳的密闭塑料瓶中滴加氢氧化钠溶液,观察塑料瓶是否变瘪,然后再滴加无色酚酞试液观察现象。可以看到的现象是:滴加氢氧化钠后,塑料瓶变瘪,滴加无色酚酞试液后,溶液显红色。若将瓶塞换成去壳后的鸡蛋,则一段时间后熟鸡蛋被吸入瓶内。

(3)在试管中倒入氢氧化钠溶液和硫酸铜溶液,有蓝色沉淀生成;在试管中倒入氢氧化钠溶液和氯化铁溶液,有红褐色沉淀生成。

【实验问题与探究】

在实验方案 2 中,若塑料瓶变瘪,则说明二氧化碳气体与氢氧化钠可能发生了反应,不过也有可能是二氧化碳与水反应,所以还需要加入无色酚酞试液来鉴别。

【实验改进】

(1)利用氢氧化钠与二氧化碳反应的原理可以设计出多个有趣实验,观察下列实验现象。

(2)氢氧化钠与二氧化碳反应还可以改装成如图 7-4 所示装置所示的"喷泉实验"。收集一烧瓶二氧化碳气体,从胶头滴管中挤入氢氧化钠溶液,打开止水夹,水(或滴有酚酞的水)就会往上喷。

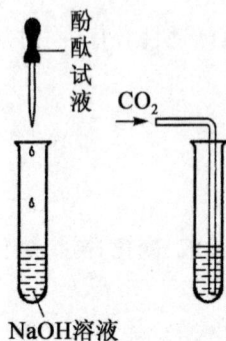

图 7-1　氢氧化钠与二氧化碳反应 1　　图 7-2　氢氧化钠与二氧化碳反应 2

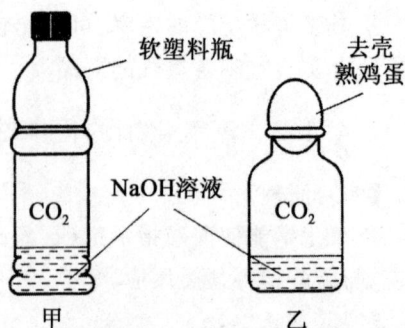

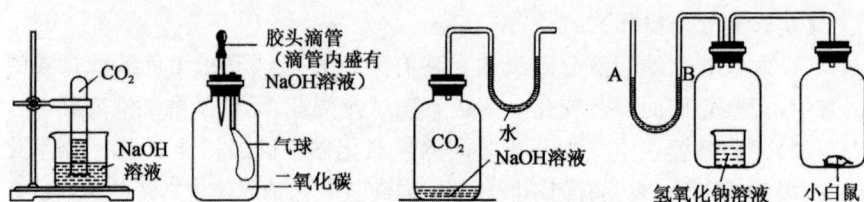

图 7-3　氢氧化钠与二氧化碳反应装置

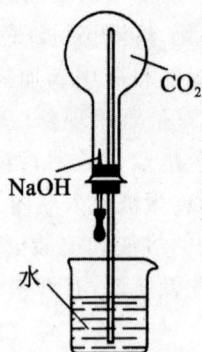

图 7-4　喷泉实验

7.4.1.3　氢氧化钠的腐蚀性

【实验原理】

氢氧化钠具有强烈的腐蚀性,对皮肤、衣服都有腐蚀作用。

【实验准备单】

烧杯、20%氢氧化钠溶液、稀氢氧化钠溶液、鸡爪、叶片、铁架台(带铁圈)、酒精灯、火柴、玻璃棒、镊子、毛刷、水。

【实验装置与操作】

(1)将一支鸡爪放在盛有 20％氢氧化钠溶液的烧杯中,放置 20 min 后用镊子取出,观察鸡爪变化。鸡爪缩小、变色,被腐蚀了。

(2)利用氢氧化钠的腐蚀性制作叶脉书签。取少量稀氢氧化钠溶液与碳酸钠混合,放入几片外形完整、叶脉清晰的干净叶片,煮沸 6～10 min。当叶肉呈现黄色后,用镊子取出叶片,用清水洗净除去碱液。把叶片平放在玻璃板上,用毛刷轻轻刷去叶肉,然后将除去叶肉的叶片在清水中漂洗。

【实验问题与探究】

氢氧化钠溶液具有腐蚀性,小心不要溅入眼睛或沾到皮肤上。

7.4.1.4　氢氧化钙的化学性质

【实验原理】

氢氧化钙能使酸碱指示剂(石蕊试液、酚酞试液)变色;与二氧化碳气体反应;与硫酸铜等盐类反应。

【实验准备单】

试管、滴管、氢氧化钙、稀盐酸、无色酚酞试液、紫色石蕊试液、二氧化碳、硫酸铜溶液、氯化铁溶液。

【实验装置与操作】

(1)取少许氢氧化钙溶液于试管中,分别滴加紫色石蕊试液和无色酚酞试液,观察溶液颜色变化。紫色石蕊试液变蓝,无色酚酞试液变红。

(2)向氢氧化钙溶液中通入或吹入二氧化碳,氢氧化钙溶液变浑浊了。静置一段时间后,用倾析法倒掉上层清液,在下层沉淀中滴加稀盐酸,出现气泡。

(3)在试管中倒入氢氧化钙溶液和硫酸铜溶液,有蓝色沉淀生成;在试管中倒入氢氧化钙溶液和氯化铁溶液,有红褐色沉淀生成。

【实验问题与探究】

什么是碱石灰?氢氧化钠与氢氧化钙的混合物。白色颗粒状物质,极易吸收水分和二氧化碳变成碳酸钙和碳酸钠,需要存放在密闭容器中。用作干燥剂和二氧化碳吸收剂。

【教学建议】

教学时,可以在回忆氢氧化钠性质的基础上,对比学习氢氧化钙的化学性质,列表整理它们的化学性质。与二氧化碳反应的化学方程式是难点,可以先写出二氧化碳于水反应生成碳酸的化学方程式,再以碳酸与氢氧化钙交换成分得出生成物,帮助学生理解。

7.4.2　中和反应

【实验背景与目的】

了解酸碱中和反应中 pH 的变化和热量变化。

【实验原理】

酸和碱反应生成盐和水,pH 发生改变,同时放出热量。

【实验准备单】

烧杯(或试管)、温度计、滴管、氢氧化钠溶液、盐酸、酚酞试液、玻璃棒、酒精灯、火柴。

【实验装置与操作】

(1)在小烧杯中倒入少量氢氧化钠溶液,滴加 2～3 滴酚酞试液,插入一支温度计,测量溶液温度。用胶头滴管吸取盐酸,逐滴向盛有氢氧化钠的烧杯中滴加,边滴加边用玻璃棒搅拌,当烧杯中溶液恰好变成无色时,停止加入盐酸。在实验过程中,溶液的碱性发生了什么变化?溶液温度有什么变化?溶液由红色变成无色,碱性变成中性,溶液温度升高。

(2)取步骤 1 所得的少量溶液于一小试管中,另取一根滴管,向试管中加入一滴氢氧化钠溶液,溶液颜色又变成红色,说明溶液又由中性变成碱性。

(3)用玻璃棒蘸取少量步骤 1 所得的溶液在酒精灯火焰上加热,观察玻璃棒上留下了白色固体,这是氢氧化钠与盐酸反应的生成物氯化钠。

【教学建议】

(1)考虑到学生的好奇心,在步骤 2 中,允许学生反复滴加氢氧化钠和盐酸,并观察现象。

(2)根据实验条件还可以增加其他酸和碱的反应。

(3)将酸碱反应的概念外延化,将生活中遇到的酸碱进行汇总,设计一些生活小实验,解释生活中的一些现象,例如,为何被鱼刺卡住时可喝醋缓解。

(4)可以使用温度传感器测定酸碱中和反应过程的热效应,让学生看到中和反应过程中热量的变化过程。

【教学案例】酸碱中和反应

【设计背景】

从生活中酸跟碱反应的例子入手,以"氢氧化钠溶液与盐酸反应"作为本节课探究的主线。当氢氧化钠溶液跟盐酸混合后无明显现象时,引导学生对这个反应是否放热、溶液酸碱性是否有变化及反应后的产物等问题进行实验探究。在认识中和反应的原理后,引导学生对氢氧化钠溶液与盐酸反应的程度进行反思与实验探究后,由此得出酸碱指示剂不仅可以帮助我们判断中和反应是否发生,还能帮助我们判断中和反应是否完全。通过从不同角度对氢氧化钠溶液与盐酸反应的探究实验,使学生对中和反应的原理有了更深入的理解,并认识一些简单的科学探究方法。

【教学实录】

引入:当胃酸过多引起不适时,我们常服用止酸片来缓解,止酸片的有效成分是 $Al(OH)_3$ 或 $Mg(OH)_2$,它们的物质类别都是碱,而胃酸的主要成分是盐酸,这就是生活中的酸碱反应,那么化学中的酸碱如何反应呢?

演示实验 1:向盛有少量 1‰ NaOH 的小烧杯中加入少量 1‰ 稀盐酸,观察实验现象。

学生:观察,无明显现象。

过渡:引导学生触摸烧杯外壁,发现微热。

设问:如何更准确的验证两种物质反应是否放热? 设计实验。

学生:可以使用温度计。

演示实验 2:在小烧杯中加入 5 mL 1‰ NaOH 稀溶液,插入 1 支温度计,观察并记录温度计的读数,再加入 5 mL 1‰ 稀盐酸。

学生:温度计的示数升高。

设问:NaOH 溶液和稀盐酸发生反应除了放热现象外,溶液的酸碱性是否有变化? 如何通过实验来验证。

学生:酸碱指示剂或 pH 试纸。

演示实验 3:向盛有 NaOH 溶液的试管中,滴加 2 滴无色酚酞试液,再逐滴加入稀盐酸,振荡,观察实验现象。

学生:观察到溶液颜色先由无色变成红色最后又变成无色。

设问:实验过程中,NaOH 溶液跟盐酸反应过程中溶液酸碱性的确有变化,那么这个反应的产物是什么呢?

学生:不知道。

演示实验 4:将实验 3 的溶液,倒入蒸发皿中蒸发,静置冷却,观察实验现象。

学生:(观察并描述实验现象)有白色固体析出。

设问:大家可以根据质量守恒定律猜测一下。白色固体可能是什么物质?

学生:可能是 NaOH/可能是 NaCl。

讲解:NaOH 溶液与稀盐酸反应,酸中的氢离子和碱中的氢氧根结合生成了水,由于 NaOH 溶液与稀盐酸完全反应,所以白色固体不可能是

$NaOH$,事实上白色固体是 $NaCl$。如何科学地验证此反应的产物是 $NaCl$,我们在今后的学习中逐渐揭晓。

小结:反应原理 $HCl+NaOH{=\!=}NaCl+H_2O$

讲解:像氯化钠这类由金属元素和酸根组成的化合物叫作盐。

小结:酸和碱反应,生成盐和水并放出大量热的反应称为中和反应。

讲解:中和反应在日常生活中有许多应用:用 $Mg(OH)_2$ 治疗胃酸过多就是应用了中和反应的原理。当胃液中过多的盐酸和止酸片中 $Mg(OH)_2$ 反应,生成了水和氯化镁,"泛酸"的症状消失。请尝试写出 $Al(OH)_3$ 或 $Mg(OH)_2$ 与盐酸反应的化学方程式。

小结:中和反应的应用:①治疗胃酸过多:$Al(OH)_3$ 或 $Mg(OH)_2$。

②改良酸性土壤:$Ca(OH)_2$。

③中和石油中的硫酸:$NaOH$。

拓展:实验 3 中氢氧化钠和盐酸恰好完全反应,那么实验 1 中的盐酸和氢氧化钠是否恰好完全反应呢?

演示实验 5:取实验 1 中的溶液于试管中,滴加无色酚酞试液,观察现象。

设问:(1)如果酚酞试液显红色,说明溶液的酸碱性如何? 溶液中的溶质是什么?

(2)如果酚酞试液显无色,说明溶液的酸碱性如何? 溶液中的溶质是什么?

如何通过实验检验?

学生 1:碱性;$NaOH$ 和 $NaCl$。

学生 2:酸性或中性;$NaCl$、HCl 或 $NaCl$;向反应后的溶液中加入大理石。

演示实验 6:取实验 1 中的液体于试管中,投入大理石,观察现象。

学生 1:有气泡生成说明酸过量。

学生 2:没有气泡生成说明反应恰好完全。

小结:酸碱指示剂不仅可以帮助我们判断中和反应是否发生,还能帮助我们判断中和反应是否完全。

【教学反思】

从教学效果上分析,部分学生在酸碱中和反应后溶液中可能成分的分析和实验探究的学习上面还是有一定困难的,在后续的练习中要侧重这方面的训练,加强学生的理解。本节对于证明发生了化学反应但又无明显现象的一类问题提供了解决办法。

【案例评析】

　　为了探究酸碱中和反应的原理,教材中安排了三个探究实验,即案例中出现的演示实验 2、3、4,为了更好地说明酸碱之间是否发生反应和酸碱反应是否完全又补充了演示实验 1、5、6。在教学中,教师可以根据教学内容和学生的实际情况,对教材中出现的实验顺序进行重新调整,必要时还可以增补实验,但无论做怎样的变动,教师一定要明确这样调整实验的目的是什么、是否可行、是否符合学生的认知规律和知识的逻辑关系等问题,同时教师还要关注调整后的教学效果如何,是否需要进一步改进。

7.4.3　几种常见的盐

7.4.3.1　碳酸盐与酸反应

【实验原理】

常见碳酸盐与酸反应,会产生二氧化碳气体。

【实验准备单】

碳酸钠、碳酸钾、碳酸氢铵、稀盐酸、稀硝酸、稀硫酸、试管、滴管。

【实验装置与操作】

(1)将少量碳酸钠粉末放入试管中,用滴管向其中滴加稀盐酸。

(2)将少量碳酸钾粉末放入试管中,用滴管向其中滴加稀硫酸。

(3)将少量碳酸氢铵晶体放入试管中,用滴管向其中滴加稀硝酸。

【实验问题与探究】

碳酸盐和酸的量不宜太多,否则液体会冲出试管。

7.4.3.2　盐与酸反应

【实验原理】

可溶性钡盐遇到稀硫酸或硝酸银遇到稀盐酸会产生沉淀。

【实验准备单】

硝酸钡溶液、氯化钡溶液、硝酸银溶液、稀盐酸、稀硫酸、试管、滴管。

【实验装置与操作】

(1)将少量稀硫酸倒入试管中,用滴管向其中滴加硝酸钡溶液。

(2)将少量稀硫酸倒入试管中,用滴管向其中滴加氯化钡溶液。

(3)将少量稀盐酸倒入试管中,用滴管向其中滴加硝酸银溶液。

【教学建议】

只需要让学生看到实验现象,书写化学方程式,一般不介绍硫酸根、氯离子的检验。

7.4.3.3 可溶性碳酸盐与石灰水反应

【实验原理】

碳酸根离子与石灰水中的钙离子结合,生成碳酸钙沉淀。

【实验准备单】

碳酸钠溶液、碳酸钾溶液、澄清石灰水、试管、滴管。

【实验装置与操作】

(1)将少量澄清石灰水倒入试管中,用滴管向其中滴加碳酸钠溶液。

(2)将少量澄清石灰水倒入试管中,用滴管向其中滴加碳酸钾溶液。

【实验问题与探究】

因为氢氧化钙的溶解度很小,所以石灰水中氢氧化钙浓度很稀,所以一定要用饱和的石灰水参与反应。

7.4.3.4 可溶性铜盐、铁盐、镁盐与碱溶液反应

【实验原理】

铜离子、铁离子、镁离子与碱溶液中的氢氧根离子反应,生成氢氧化铜、氢氧化铁、氢氧化镁沉淀。

【实验准备单】

硫酸铜溶液、氯化铜溶液、氯化铁溶液、氯化镁溶液、氢氧化钠溶液、试管、滴管。

【实验装置与操作】

(1)将少量氢氧化钠溶液倒入试管中,用滴管向其中滴加硫酸铜溶液。

(2)将少量氢氧化钠溶液倒入试管中,用滴管向其中滴加氯化铜溶液。

(3)将少量氢氧化钠溶液倒入试管中,用滴管向其中滴加氯化铁溶液。

(4)将少量氢氧化钠溶液倒入试管中,用滴管向其中滴加氯化镁溶液。

7.4.3.5 可溶性碳酸盐与可溶性钙盐、钡盐反应

【实验原理】

碳酸根离子与钙离子、钡离子反应,产生碳酸钙、碳酸钡沉淀,沉淀溶于稀盐酸。

【实验准备单】

碳酸钠溶液、碳酸钾溶液、氯化钙溶液、氯化钡溶液、稀盐酸、试管、

滴管。

【实验装置与操作】

(1)将少量碳酸钠溶液倒入试管中,用滴管向其中滴加氯化钙溶液,产生白色沉淀后,再滴加稀盐酸,有气体生成,沉淀消失。

(2)将少量碳酸钠溶液倒入试管中,用滴管向其中滴加氯化钡溶液,产生白色沉淀后,再滴加稀盐酸,有气体生成,沉淀消失。

(3)将少量碳酸钾溶液倒入试管中,用滴管向其中滴加氯化钙溶液,产生白色沉淀后,再滴加稀盐酸,有气体生成,沉淀消失。

(4)将少量碳酸钾溶液倒入试管中,用滴管向其中滴加氯化钡溶液,产生白色沉淀后,再滴加稀盐酸,有气体生成,沉淀消失。

7.4.3.6　可溶性硫酸盐与可溶性钡盐反应

【实验原理】

硫酸根离子与盐溶液中的钡离子反应,产生硫酸钡沉淀,沉淀不溶于稀硝酸。

【实验准备单】

硫酸钠溶液、硫酸钾溶液、氯化钡溶液、稀硝酸、试管、滴管。

【实验装置与操作】

(1)将少量硫酸钠溶液倒入试管中,用滴管向其中滴加氯化钡溶液,产生白色沉淀后,再滴加稀硝酸,沉淀不消失。

(2)将少量硫酸钾溶液倒入试管中,用滴管向其中滴加氯化钡溶液,产生白色沉淀后,再滴加稀硝酸,沉淀不消失。

7.4.3.7　可溶性盐酸盐与硝酸银溶液反应

【实验原理】

氯离子与硝酸银溶液中的银离子反应,产生氯化银沉淀,不溶于稀硝酸。

【实验准备单】

氯化钠溶液、氯化钙溶液、氯化钡溶液、硝酸银溶液、稀硝酸、试管、滴管。

【实验装置与操作】

(1)将少量氯化钠溶液倒入试管中,用滴管向其中滴加硝酸银溶液,产生白色沉淀后,再滴加稀硝酸,沉淀不消失。

(2)将少量氯化钙溶液倒入试管中,用滴管向其中滴加硝酸银溶液,产生白色沉淀后,再滴加稀硝酸,沉淀不消失。

(3)将少量氯化钡溶液倒入试管中,用滴管向其中滴加硝酸银溶液,产生白色沉淀后,再滴加稀硝酸,沉淀不消失。

7.4.3.8　锌、铝、铁与硫酸铜溶液反应

【实验原理】

锌、铝、铁比铜活泼,可以置换出硫酸铜中的铜。

【实验准备单】

锌片、铝片、铁丝、硫酸铜溶液、试管。

【实验装置与操作】

(1)试管中倒入硫酸铜溶液,放入细长条铝片,片刻后,取出铝片,观察到铝片表面覆盖着一层红色物质。

(2)试管中倒入硫酸铜溶液,放入细长的锌片,片刻后,取出锌片,观察到锌片表面覆盖着一层红色物质。

(3)试管中倒入硫酸铜溶液,放入细长的铁丝,片刻后,取出铁丝,观察到铁丝表面覆盖着一层红色物质。

【实验问题与探究】

由于活泼金属表面存在着一层氧化物膜,所以锌片、铝片、铁丝都要先打磨好。

7.4.3.9　铜与硝酸银、硝酸汞溶液反应

【实验原理】

铜比银、汞活泼,可以置换出硝酸银溶液中的银,也可以置换出硝酸汞溶液中的汞。

【实验准备单】

铜丝、硝酸银溶液、硝酸汞溶液、试管。

【实验装置与操作】

(1)向试管中倒入硝酸银溶液,放入铜丝,片刻后,取出铜丝,观察到铜丝表面有一层黑色物质(铜丝表面析出的 Ag 微粒取向各异,对光线的反射方向各异,故呈现黑色)。

(2)向试管中倒入硝酸汞溶液,放入铜丝,片刻后,取出铜丝,观察到铜丝表面有一层银白色物质。

7.4.4　化肥

7.4.4.1　铵盐固体与熟石灰共研

【实验原理】

铵盐固体中的铵根离子与熟石灰的氢氧根离子反应,产生氨气。

【实验准备单】

硫酸铵固体、碳酸氢铵固体、硝酸铵固体、熟石灰粉末、研钵、研杵、药匙。

【实验装置与操作】

(1)研钵中加入硫酸铵固体和熟石灰粉末,用研杵混合研磨,小心闻混合物的气味。

(2)研钵中加入碳酸氢铵固体和熟石灰粉末,用研杵混合研磨,小心闻混合物的气味。

(3)研钵中加入硝酸铵固体和熟石灰粉末,用研杵混合研磨,小心闻混合物的气味。

7.4.4.2 铵盐固体或铵盐溶液与浓烧碱溶液反应

【实验原理】

铵盐固体或铵盐溶液中的铵根离子与烧碱溶液中的氢氧根离子反应,产生氨气。

【实验准备单】

硫酸铵固体(或溶液)、碳酸氢铵固体(或溶液)、硝酸铵固体(或溶液)、浓烧碱溶液、试管、试管夹、酒精灯、火柴、玻璃棒、红色石蕊试纸。

【实验装置与操作】

(1)将少量硫酸铵固体放入试管中,倒入 3 mL 浓烧碱溶液,用酒精灯加热,在试管口放一张湿润的红色石蕊试纸,试纸变蓝。

(2)将少量碳酸氢铵固体放入试管中,倒入 3 mL 浓烧碱溶液,用酒精灯加热,在试管口放一张湿润的红色石蕊试纸,试纸变蓝。

(3)将少量硝酸铵固体放入试管中,倒入 3 mL 浓烧碱溶液,用酒精灯加热,在试管口放一张湿润的红色石蕊试纸,试纸变蓝。

7.4.5 酸碱盐溶液的除杂

7.4.5.1 用加入试剂法除去混合物中的杂质

提纯物质也就是除去物质中含有的杂质。方法有物理方法:利用物质的溶解性、磁性、沸点等物理性质的差别分离物质;还有化学方法:利用物质化学性质的不同,将杂质反应转化,加以分离除去。化学方法较复杂,这就要求根据不同的混合物组成选择不同的试剂,发生反应后生成易分离的物质加以除去。解答此题要注意,选择试剂与相应的操作方法都要正确,保证杂质得以分离出去或转化后分离出去又不引入新杂质。

例 7.1 除去下列物质中的杂质(括号内为杂质),所选用的试剂及操作方法均正确的一组是( )

选项	待提纯的物质	选用的试剂	操作的方法
A	$CaO(CaCO_3)$	水	溶解、过滤、结晶
B	$Cu(CuO)$	稀盐酸	溶解、过滤、洗涤、干燥
C	$CuSO_4(H_2SO_4)$	氢氧化钠溶液	过滤
D	$CO_2(H_2SO_4)$	氧气	点燃

解析:A 中氧化钙中混有碳酸钙用水作提纯试剂,因发生反应 $CaO+H_2O=Ca(OH)_2$,而不合理;C 中硫酸铜溶液中混有硫酸,用氢氧化钠溶液作提纯试剂,因发生 $CuSO_4+2NaOH=Cu(OH)_2\downarrow+Na_2SO_4$ 和 $H_2SO_4+2NaOH=Na_2SO_4+H_2O$ 也不合理,D 中二氧化碳中混有一氧化碳用氧气作除去一氧化碳杂质的试剂,从表面上看可以利用 $2CO+O_2\xrightarrow{\text{点燃}}2CO_2$,反应可以将一氧化碳除去,但实际上在氧化碳中无法点燃使反应发生,因此仍然不合理;B 中铜里含有氧化铜,用稀盐酸作提纯试剂,因铜是不活泼金属不能与稀盐酸反应,而氧化铜能与稀盐酸发生反应 $CuO+2HCl=CuCl_2+H_2O$,生成溶于水的物质氯化铜,然后再经过过滤(分离出金属铜)、洗涤(用蒸馏水洗去铜表面沾有的氯化铜杂质)、干燥,最后得到较为纯净的金属铜。故选 B。

7.4.5.2 用逐步转化法除去混合物中的杂质

通过化学反应将杂质转化为被提纯的物质叫除杂转化法,往往通过多步反应才能达到目的,应注意的是在每步反应中加入的试剂应是过量的,以保证将杂质除尽。

此类试题难度大、综合度高,解题时应特别注意主要离子间的特殊反应。

例 7.2 为了除去食盐(主要成分为 $NaCl$)样品中含有的少量氧化镁和硫酸钠杂质,某学生根据氯碱工业中精制食盐水的基本原理,运用所学知识设计了如图 7-1 所示的①至⑤步除杂方案。

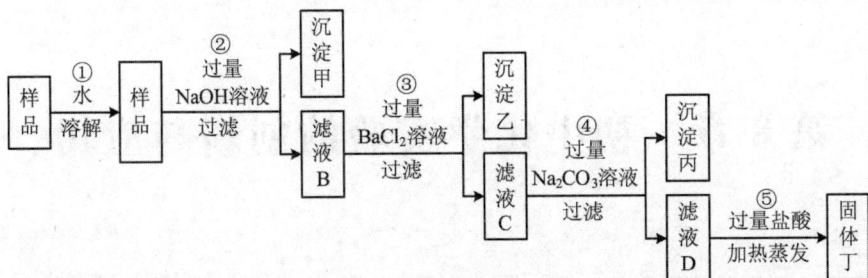

请根据上述除杂方案,回答下列问题:

(1)沉淀甲是_____;滤液 C 中的溶质是_____;操作⑤中加入过量盐酸的作用是_____。

(2)假设整个操作过程中物质转化无损失,则固体丁中 NaCl 的质量比原样品中 NaCl 的质量_____(填"增大""不变"或"减小");若在操作⑤中改为加过量的 KOH 溶液,固体丁中可能含有的杂质是_____。

解析:(1)样品加水溶解后得溶液 A,A 中加入过量的 NaOH 溶液后,得到的沉淀甲是 Mg(OH)$_2$,滤液 B 为 NaCl、Na$_2$SO$_4$、NaOH,加入过量的 BaCl$_2$ 溶液后,所得沉淀乙是 BaSO$_4$,滤液 C 有 NaCl、NaOH、BaCl$_2$,加入过量的 Na$_2$CO$_3$ 溶液后,所得沉淀丙为 BaCO$_3$,滤液 D 为 NaOH、Na$_2$CO$_3$、NaCl,加入过量的 HCl,可与 NaOH 中和,可与 Na$_2$CO$_3$ 反应,最后加热蒸发得纯 NaCl,中间所加入的除杂试剂过量的原因是为了除净杂质。(2)固体丁中的 NaCl 质量增大的原因是过程中加入了 NaOH 和 HCl。

答案:(1)氢氧化镁(或 Mg(OH)$_2$)氯化钠、氢氧化钠、氯化钡(或 NaC、NaOH、BaCl$_2$)除去滤液 D 中的 NaOH 和 Na$_2$CO$_3$;(2)增大 KCl(或氯化钾)。

第8章 初中化学实验的创新与应用

对于化学教学实验的创新与改进,仁者见仁,智者见智,通常以文献资料、疑难实验、教学实践作为获得化学创新实验研究思路的途径。下面我们将从这几个方面探讨获得创新实验研究思路的方法,使广大一线教师能够从中获得启发,对创新实验研究有一个初步认识,并将这种认识转化到实际教学中,成为一种推进教学和研究的实践能力。

8.1 化学教学实验的改进与创新

8.1.1 从文献资料中获得启示

常见的化学教育类研究文献包括各种化学教育专著、实验教学著作以及各类化学教育期刊,以《化学教育》《化学教学》和《中学化学教学参考》较为权威,与实验密切相关的还有《教学仪器与实验》和《实验仪器与教学》、科技文献等。通过查阅国内外有关中学化学实验教学的研究文献,可以从中了解相关问题的过去和现状,理解作者的观点和方法,将从这些文献上得到的启发或借鉴用于指导自己的课题,并能够在一定条件下提出富有创新意味的思路或方法。因此,对于文献资料的利用和研究是开展实验研究的前提条件,通过对这些文献资料的研究,我们除可以从方向上对课题进行把握外,对于获得新思路、新课题也不乏为一种好途径。下面我们将介绍如何从网络资源查阅文献资料,如何通过查阅文献资料来获得实验研究的思路。

8.1.1.1 利用网络资源查阅文献

近年来,随着信息技术的飞速发展,从网络上寻找有关实验教学的信息与资讯已经成为研究者们信息检索的重要途径之一,因此,上网查询资料也自然成为实验研究阶段的一个重要组成部分。

有很多种途径可以获取网络资料,如专业数据库(如《中国期刊网》、《万方数据库》等)、互联网资源以及专业的教学类网站等。比如,需要快速查找一些相关性比较大的信息,并从总体上来把握一个主题,则可以使用网站分类目录,如新浪网。在此基础上,如果想得到比较系统,更加详细的资源信息,可以使用目录下的子目录进行分级搜索。若需要寻找的内容比较特殊,或要找的信息比较冷僻,应该用搜索范围比较大的搜索引擎查找,如谷歌、百度等功能较强的搜索工具。若寻找专业性较强的信息,则通过专业数据库的搜索,找到与课题相关性较大的资料,从而为课题的研究提供科学性较强的理论依据。

网络中蕴含着一个巨大的资源共享库,它所提供的帮助是快捷、有效的,这些资源同时也是相关专业人士集体智慧的汇集。充分利用其资源充足、网络共享这一优势,并且本着"取其精华,去其糟粕"的精神,以较强的专业眼光来选择有效的信息,不但可以使研究者了解所研究课题的研究状况,从方向上把握课题研究趋势,使自己的研究课题在价值上更具说服力。

8.1.1.2　利用文献资料获得实验选题

(1)选题是中学化学创新实验研究的起点。选题是研究工作的起点,也是一个研究过程的重要组成部分。科研选题影响到研究工作的途径和方法,决定着科研成果的水平。科学史表明,具有开拓性和创造性的科研选题,能保证科研水平的提高,取得有价值的科研成果;而错误的选题,则往往造成不必要的浪费,甚至断送科学家的前途。从大量科学技术问题中选择有价值的科研课题,不仅能反映出一个人的工作态度和方法,而且也反映出他的知识水平和研究能力。一个有经验的研究者不同于一个新手,很重要的一点就在于他懂得什么问题值得研究。由于科研是由已知预测未知,探索未知的活动,不确定因素很多,因此需要研究者独具慧眼,并对相关背景知识有较为全面、透彻的了解,且能够作出明智的判断和选择。因此,实验研究选题的重要性可见一斑。实验选题是一个实验研究过程的开端,它作为实验研究的前提,起着先导作用,其价值直接影响和决定了整个研究过程及成果价值,在实验研究中占据着重要的位置。

例如,学生查阅文献资料过程中发现,有人认为烟灰中含有碳酸盐对蔗糖有催化作用,有人认为烟灰里的稀土元素对蔗糖有催化作用。这些线索促使此学生将蔗糖燃烧的催化剂研究作为实验的选题,并通过实验加以验证,而且在实验研究过程中获得创造性的发现,这使得整个实验研究的价值得到提升。

(2)利用文献资料确定实验研究的选题。

可以是从待解决的问题中寻找选题。阅读文献时不难发现,很多作者在著作和论文中会提及一些问题,有些科研人员在论文或著作的最后会回顾自己研究的不足和下一步继续研究的方向,有的甚至集中讨论某些研究领域尚未解决的问题。通过阅读此类资料来获得启发,也能找到自己感兴趣并有能力研究的课题。

可以是针对同一个问题,研究多方观点,提出见解。通过广泛的阅读,分析多个研究者针对同一问题的不同观点、研究方法,并对这些观点的差异和分歧进行客观理性的思考,分析已有理论观点的优劣,质疑已有理论观点的真实性和适用性,从而提出具有见解性的观点。

可以是通过查阅文献资料判断所选课题是否具有研究价值。当课题选定之后,往往通过查阅文献的方法来判断所选课题是否具有研究价值。就中学化学实验教学研究课题而言,一般可查阅有关实验教学专著,但缺点是比较零散,不具有概括性和方向性。可靠的方法就是系统地查阅刊登在国内外中学化学教学或化学实验教学杂志上的文献,查阅文献的过程也是学习的过程。若文献中有同类课题,便可直接借鉴;若课题相同,但是角度不同,或者根本不存在相关文献资料,这个课题就有继续研究下去的必要。

例如,对于铜和浓硝酸实验,由于在试管中进行铜和浓硝酸反应产生有毒气体 NO_2 直接逸散到空气中,造成严重污染和人身伤害,从而影响了正常的教学秩序。针对这个问题,教师可以设计出颇有创意的改进,从而使现象明显、效果良好,且反应产生的污染达到了最小化,对学生环境保护意识的树立和加强也大有裨益。可见,针对同一课题,在原有的基础上加以改进和完善,并力求有所创新,是创新实验得以实现的又一途径。此类案例众多,研究此类案例对于教学和实验研究有重大的借鉴意义。若将这种借鉴转化为现实的教学成果,还可以促进实验教学质量的提高。

(3)利用文献资料提炼实验研究的思路。具体而言,就是在肯定所研究课题具有一定的研究价值后,通过对文献资料的信息处理,获知其他研究人员对此课题做了哪些工作,研究到哪一阶段或者说研究达到了何种水平,从而为自己的研究思路或研究路线的确定做前期准备。

在准备开始实验前,研究者就应该收集与课题相关的文献资料,将这些文献资料所呈现的信息进行处理,对所选课题有参考意义的文献所采用的实验研究方法、实验条件和实验方案有比较全面的认识,并将所选文献进行比较,分析其分析方法、实验条件及实验方案的异同,从中借鉴有价值的内容,为开展自身的实验研究提供了理论的支持。

例如,对于制取乙酸乙酯课堂演示实验。可以采用比较研究法,将不同版本教材上的实验装置特点结合起来考虑,提出新的研究思路——采用水浴加热并直接用回流装置来制备乙酸乙酯的方法。通过改进后的实验,既克服了直接加热有机物而产生的安全隐患,又克服了耗时的特点,能够取得良好的课堂演示效果。

8.1.2　从疑难实验中发现课题

中学化学实验中往往存在一些成功率不高的实验。有些实验现象不明显,有的实验结果不理想,甚至还产生异常现象。这些所谓疑难实验的存在给我们的实验教学造成了一定的困难,这些难题的出现,也对我们教师的研究水平提出了更高的要求。教师在实施实验教学的过程中,应及时发现这类问题并通过科学的方法来解决这些问题。

同时要认识到,问题也带来了挑战,挑战中蕴含着机会。以下我们将通过研究这些疑难实验,来体会其对创新实验研究带来的有用线索,甚至是超出实验本身价值的线索。

8.1.2.1　疑难实验反应机理的探究

一个化学实验往往受多方面因素影响,有很多原因都会导致疑难实验或者说疑难现象的产生。外因通过内因起作用,我们遇到疑难实验的同时,若只关注表面或追求外部原因,往往会深化错误的认识,对学生的实验教学也有一定的误导作用。

如今中学化学实验中涉及许多问题和现象,其反应机理不是很明了,因此,在满足学生认识能力的前提下,适当地研究疑难实验的反应机理,一方面对于深化实验教学、提高实验研究理论水平,是很有必要的;另一方面为我们进行创新实验的设计提供了更为宽广的思路来源。

例如,对于过氧化钠与水反应过程中酚酞褪色实验。当进行该实验时,会加入酚酞指示剂,以检验其产物既有碱性又有漂白作用。理论上指示剂显示红色,后红色很快褪尽。但实验证明,即使没有过氧化氢等强氧化剂,在较浓的氢氧化钠水溶液中加入酚酞指示剂后,显示出来的红色也会很快褪尽。这样就产生两个问题:第一,过氧化钠与水反应的实验用加入酚酞指示剂以检验其产物既有碱性,又有漂白作用,是否存在科学性尚不严密之嫌疑? 第二,酚酞在浓碱液中是否稳定? 其褪色的原因是什么? 褪色变化是不是可逆转的?

经过分析得知,酚酞是 4,4-二羟基三苯甲醇-2-羧酸的内酯,无色,不溶于水,溶于有机溶剂。遇碱时,内酯开环生成二钠盐,发生分子内重排,形成醌式结构而呈玫瑰红色,醌基是显色基团(红),但在强碱性溶液中不稳定而形成无色的三钠盐。教材及不少教学参考书普遍认为酚酞在强碱液中有红色变成无色的过程可逆的,即在强碱液中褪色的酚酞经稀释后又会出现红色。

对此,我们可以通过实验可证明,酚酞在强碱液中的不稳定性会导致其不会再恢复到原来的红色。取一支试管注入 5 mL 15％的 NaOH 溶液,加入数滴酚酞指示剂,NaOH 溶液立即显出红色,振荡试管片刻,管内红色很快褪尽。将该无色溶液分成两份,一份溶液中逐滴加水稀释 20 倍,碱液始终为无色,红色不再复现;另一份溶液中逐滴加入 1∶4 稀硫酸,红色竟然再次出现,但冷却后该红色又渐渐褪去(说明复出的红色不再是酚酞平时显色的醌式结构,平时显红色的醌式结构加热再冷却时不会褪色)。再取第一份加水稀释含酚酞的无色溶液,加热后也出现红色,冷却后该红色也渐渐褪去。这说明复出的红色主要与加热有关,滴加入 1∶4 稀硫酸出现红色是其反应热改变溶液温度导致的。这里又意外发现了一个热平衡的变色反应。另外也说明酚酞在浓碱液中是不稳定、会变性的。依此类推,做过氧化钠与水反应加入酚酞指示剂的实验,应控制好过氧化钠与水的量,使之产生的 NaOH 溶液浓度在 1％以下,否则就存在科学性尚不严密之嫌疑。

在试管中取 0.5％NaOH 溶液 4 mL,加入 2 滴酚酞指示剂,溶液显示明显的红色,在振荡中逐滴加入 20％的过氧化氢 3 mL,溶液呈极浅的粉红色,这说明过氧化氢溶液褪尽酚酞的红色并不十分灵敏。然后给试管加热,发现粉红色不仅没有加深,相反原来极浅的粉红色也完全褪尽。这又给我们一个启发,当做过氧化钠与水反应加入酚酞指示剂的实验时,可用加热的方法来做鉴别,加热后如红色复出,则说明原来的褪色是强碱性造成的;加热后如溶液仍保持无色,则说明原来的褪色是过氧化氢溶液的强氧化性造成的。

上述案例就是从反应机理入手找到了实验研究的思路。

8.1.2.2　疑难实验反应条件的探究

实验现象或化学反应的结果与实验条件(温度、压强、催化剂、仪器、装置操作等)的控制密切相关。只有各项反应条件都考虑周全,并在实验过程中进行有效的控制,一个实验才有可能达到理想的效果。所以,当教师准备做一个化学实验时就必须考虑到进行该实验所需的各项条件,如实验装置设计、反应所需试剂的浓度、反应温度、是否需要催化剂或选择用什么催化剂等。

例如,对于氢氯爆鸣的实验光照条件探究。由于实验反应条件具有局限性,为此可以先从实验的反应机理入手,通过理论上的计算得出实验发生所需要的条件。在将该实验的理论分析透彻的前提下,得出理论上的实验条件,再将理论用于指导实践,这大大提高了实验的成功率,同时科学性也达到了增强。可见,从疑难实验的反应原理入手,加强对反应原理的认识和理解,将这种认识和理解用于指导实验,对实验条件进行有效的选择和控制,将会提高实验效率,使实验效果更佳。

又如,对于氨催化氧化制硝酸反应条件探究。可以从催化剂、氨的浓度、温度以及实验装置等四个主要方面对氨催化氧化制硝酸实验进行探讨,并总结出其中有价值的实验内容及值得借鉴的实验研究方法。可见,从疑难实验的条件探究中,善于总结经验,深刻体会科学实验研究方法对于实验研究的重要性,并能够将这些方法应用于其他课题研究中,从而在新课题的研究中有所发现和创造。

8.1.3　在教学实践中揭示创新点

当今课程改革倡导从学生和社会发展的需要出发,发挥学科自身的优势,将科学探究作为课程改革的突破口,激发学生的主动性和创新意识,促使学生积极主动地学习,使获得化学知识和技能的过程成为理解化学、进行科学探究、联系社会生活实际和形成科学价值观的过程。因此,化学实验教学也要遵循化学课程改革的新理念。在实验教学实践中,不管是教师演示实验还是学生实验,都要关注实验的安全性、绿色化和趣味性,注意将实验内容与生活实际相联系。这也正是当今教学实际给中学化学创新实验设计提供的新思路。

8.1.3.1　在改进"缺陷"实验中产生创新点

中学化学教材上的大多数实验就其实验设计来讲,已经相当完善和合理,即便如此,还是要认识到仍然存在着或多或少有待改进和优化的地方,如实验设计的安全性、绿色化等是否已经达到较为合理的状态,实验设计的要求是否能够体现实验的教学价值等。因此,还需要研究者根据实际教学情况进行改进,使之更适合教学的需要。通过对此类"缺陷"实验的改进,也可以制造出许多亮点,体现一定的创新色彩。

例如,对氢气还原氧化铜实验改进。学生做氢气还原氧化铜时,老师再三叮咛实验前先通一会儿氢气和实验后再通氢气直至试管冷却为止。实验操作很烦琐,而且还存在很大的安全隐患,即实验前通多久的氢气才不会导致爆炸,学生一般都很难把握。所以一般这个实验老师要么做演示实验(教室里面只有少数靠近讲台的同学可以看见实验现象)或者直接播放实验视频(将做实验变成看实验)。

针对这一问题,我们可以进行如下改进:将铜丝一端绕成圆盘状或螺旋状,另一端插入试管塞内固定。将圆盘状的铜丝在酒精灯上灼烧,使其表面氧化生成黑色的氧化铜。取一支 15 mm×150 mm 试管,内盛有锌粒若干,再向试管内注入盐酸或稀硫酸后,迅速把灼热的表面被氧化的圆盘状铜丝伸入试管内,同时塞住试管口。

此案例与原反应装置相比,改进后的反应装置简洁,药品用量大大减少,并且实验现象也很明显,不但利于学生操作和掌握知识点,也给实验教学带来了极大的方便。装置简单化、用药经济化的实验设计理念为寻求创新实验思路的研究者提供了有价值的借鉴和启发,是教学上值得关注和重视的。

8.1.3.2 从失败的实验情景中寻求创新点

在传统的演示实验教学中,教师上课前,一般是按照教材上的实验内容和实验方案,认真准备、反复操作,力求在课堂演示中万无一失。我们应当肯定的是,这样的做法在一定程度上有利于学生通过直观感觉掌握一定的实验技能,形成相应的化学概念,培养他们一丝不苟、实事求是的科学态度和科学精神。

为力求创新,教师不妨偶尔在演示过程中"点缀"一些失败的实验,使实验中出现的现象与学生所熟悉的知识和经验相悖,创设出一种问题情境,使学生产生认知冲突,从而促使他们去探究这些现象,并提出自己的改进方案。这能够为培养学生发散性思维和创造性思维创设契机,同时对于培养学生实事求是和严谨的科学态度创造良好的条件。

实践证明,教师通过向学生呈现一个失败的实验情景,使学生对实验产生一定的好奇和探究心理,并继续设问和启发,让学生得出实验失败的原因后自行设计实验装置进行改进。教师的这种教学方式也不失为一种创新,尤其是学生自行设计的实验装置,更是学生发散性思维的体现。因此,在实际教学中适当的创设这种教学情境,不但有利于教学相长,使学生的思维能力得到培养,创造潜能得到挖掘,教师也会获得不少教学经验和启示,从而提高教学质量。

8.2 新型实验技术在化学实验教学中的应用

《初中化学课程标准(修订版)》指出:"义务教育阶段的化学教育,引导学生认识化学、技术、社会、环境的相互关系,理解科学的本质,提高学生的科学素养。"摆在我们面前的最大的障碍就是实验条件的落后,试管、烧杯等瓶瓶罐罐这些最简易的玻璃实验仪器已经不能够充分展示现代化学发展的方向,已经不能充分体现现代化学研究的思想和方法。因此中学化学实验技术的发展与革新也是课程时代性体现的一个重要方面,同时也会推动课程和教学的变化与发展。

随着资源、环境问题的日益突出,人们对清洁生产和可持续发展的呼吁和要求愈发强烈,因此"绿色化学"成为化学学科尤为关注的一个领域。中学化学实验绿色化设计是根据绿色化学的思想和特点,用预防化学污染的新技术,在改革传统化学实验的基础上发展起来的化学实验方法。其中,实验的微型化设计是实现实验绿色化的一条重要途径。微型实验自 20 世纪80 年代以来得到了国内外研究者的普遍关注,不仅涌现出大量优秀的实验设计案例,还有一些设计转化为教学产品生产。新课程倡导增加学生分组实验活动,在这一背景下,微型实验为分组活动的实施提供了更加便捷和有力的保障。

8.2.1　传感器技术在化学实验教学中的应用

传感器技术是当今世界一项令人瞩目的迅猛发展起来的高新技术,也是当代科学技术发展的一个重要标志,它与通信技术、计算机技术构成了信息产业的三大支柱。目前,传感器技术的应用领域已经非常广泛,任何一个信息和控制系统都离不开传感技术。无论工业、农业、交通运输业,还是家用电器,都需要应用各种各样的传感器。而且随着科技的不断进步,传感器的种类也不断增多,新型传感器层出不穷。

然而由于大型实验仪器价格昂贵、操作复杂,中学化学实验长期以来以传统实验和常规仪器为主,很难体现化学研究的时代性。随着适用于基础教育的仪器的开发,这种将温度传感器、压强传感器、电导率传感器、pH 传感器、色度计传感器、电流传感器和电压传感器等整合于一体的实验系统相当于将多种实验仪器简易化、微型化,已经开始走进中学化学课堂,并逐渐显示出它的特色与优势。

当前最值得关注的是将传感器技术和信息技术整合在一起组成中学理科实验系统。它将温度传感器、pH 传感器、电导率传感器、光度传感器等各种传感器与数据采集器配套使用,相当于将微型化、简易化的数字温度计、pH 计、电导率计、分光光度计等现代仪器整合为一体,从而促进中学化学实验手段仪器化、数字化的进程。基于传感器技术的实验系统可以支持多种形式的实验活动,它能够更好地为学生揭示化学原理、规律,为中学化学引入了一批定量试验,还可以弥补实验条件不足的限制,近年来日益得到研究者和一线教师的关注和青睐。

基于传感器技术的中学理科实验系统主要由传感器(探头)、数据采集器、计算机等硬件设施以及实验数据处理程序等软件构成。由于传感器与数据采集器体积较小,携带方便,拿在手中就可以完成很多实验探究活动,因此许多研究者又形象地称其为手持技术,并将手持技术与网络技术整合构成的现代科学实验室称为掌上实验室。

(1)传感器。传感器是传感技术的核心,它能感受到待测物的相关信息,并按照一定的规律转换成可用输出信号,经过数据采集器处理之后可将输出信号转化为数字信息。在中学化学实验室中常用的传感器有温度传感器、压强传感器、电导率传感器、pH传感器、色度计传感器、电流传感器和电压传感器等。

(2)数据采集器。数据采集器具有强大的数据采集和数据分析功能。它能把实验过程中的物理信号转变为数字信号输出,全程跟踪实验过程中的数据变化并可以以曲线、数字、表格、仪表灯等多种直观、形象的形式显示验结果。

(3)实验数据处理程序。将数据采集器与计算机连接后,即可与实验数据处理软件进行通信,它能够帮助我们更便捷地对数据采集器进行操作,对实验数据进行处理,并以数字、曲线等多种形式显示实验数据,使我们能够更好地把握实验的动态,以及对实验结果进行分析、推测。

(4)实时录像系统。如果将摄像头与计算机连接,在实验的过程中便可以实时地记录实验现象,将数据曲线与实验现象同时呈现在计算机的同一界面,便于教师的实验演示以及学生的探究学习。记录的数据和拍摄的录像都可以保存在计算机中,在需要时播放,重现实验的实况。

传感器技术最根本的特点是将化学本质转化为可检测的物理信号,进而利用物理信号反映或研究化学本质,这就是科学研究中非常重要的"转化"思想。传感器技术所特有的数据化、图形化、直观化和定量化的研究手段,可以帮助学生理解和认识化学原理的实质,降低实验和学习的难度,改变学习方式,激发学习兴趣,提高学生科学探究的水平,有助于培养学生分析数据、处理数据的能力。传感器技术支持多种形式的实验活动,弥补了传统实验室条件不足的限制,为中学化学引入一批定量测定实验,更好地为学生揭示化学原理、规律,进而全面提升学生的科学素养。同时,传感器技术作为一种新型的实验手段,有利于教师理解化学反应的实质和化学变化的规律,促进教师的专业发展与成长。

例如,利用温度传感器感受物质变化中的能量转换的实验。实验目的：利用温度传感器来测量物质变化前后的温度，从而可以判断物质变化过程中的能量转换情况。实验用品：温度传感器、数据采集器、烧杯、锌粉、$CuSO_4$ 溶液、柠檬酸固体、NH_4HCO_3 溶液。实验步骤：

（1）根据数据采集器和计算机软件的使用手册熟悉使用方法；

（2）将温度传感器浸入 $CuSO_4$ 溶液中，向其中加入适量的锌粉，记录下温度变化曲线。

（3）同理，绘制出柠檬酸与 NH_4HCO_3 溶液反应的温度变化曲线。

例如，利用压强传感器测定镁和盐酸反应的反应速率的实验。实验目的：镁条与稀盐酸反应放出氢气，如果该反应在定容密闭体系内进行，则随着氢气浓度的增加，容器内气体压强随之增大，通过记录压强随时间变化的数据，绘制压强—时间曲线，根据曲线的斜率即可以算出反应速率。

实验用品：压强传感器、数据采集器、镁条、稀盐酸、锥形瓶、单孔橡皮塞、乳胶管。

实验步骤：可以根据数据采集器和计算机软件的使用手册熟悉使用方法。组装好实验装置，向锥形瓶中加入适量的稀盐酸，再投入一小段镁条，迅速塞上橡胶塞，记录容器内压强变化，并进行数据处理。注意，因使用压强传感器，本实验室是在密闭环境中进行的，所以所用的镁条的量一定不要太多，否则会引发安全问题。

8.2.2　微型化技术在化学实验的教学中的应用

微型化学实验是近年来化学实验教学改革领域的一个重要方向，日益得到化学教育界的极大关注。所谓微型化学实验，就是用尽可能少的化学试剂来获取所需化学信息的实验方法与技术。虽然它的化学试剂用量一般只为常规实验用量的几十乃至几千分之一，但其效果却可达到准确、明显、安全、方便和防止环境污染等目的。

通常的微型化学实验仪器主要由塑料和玻璃两种材料制造。其中塑料制品的微型仪器以井穴板和塑料滴管为代表，它们是两种成熟的微型实验仪器，价格便宜，应用非常广泛。

井穴板是一个塑料碟子，含有圆柱形井穴，井穴的使用方法和功能与试管、烧杯以及试剂储瓶一样，既可以作反应器，也可以用来盛装试剂。根据不同的实验需要，微型化学实验使用的井穴板也有不同的规格。井穴板除了具有烧杯、试管、点滴板、试剂储瓶等仪器的功能外，有时候还起到一组比色管的作用，可以进行目视比色实验。而且，使用井穴板还可以做对比实验和平行实验，尤其是研究一组溶液液滴颜色递变系列的对比实验和平行实验。此外,井穴板是透明的,还可以做投影实验。微型化学实验使用的塑料滴管有两种:细颈滴管和尖嘴滴管。

塑料滴管可用来转移化学品和收集产物,包括气体,因此又称为多用滴管。滴管由聚乙烯制成,质地柔软,易弯曲,可以改变形状为各种实验目的服务。塑料滴管的主要用途有:

①滴管。用于滴加液体试剂。

②试剂储瓶。一般浓度的无机酸、碱、盐溶液可以长期储于吸泡中;浓硝酸等强氧化剂的浓溶液和浓盐酸等与聚乙烯有不同程度反应的试剂不宜长期储于吸泡中;甲醛、松节油、石油醚等对聚乙烯有溶解作用,不要储于滴管中。

③少量液体的计量器。通过计量滴加液滴的滴数,可得出滴加试剂的体积。因此,已标定体积的多用滴管(或带刻度的多用滴管)就是一支简易的滴定管。

④反应容器。用于温度低于 80 ℃的反应,比如氢气、二氧化碳、二氧化硫等气体的发生器,以及合成乙酸乙酯、阿司匹林等有机物的反应器。

⑤集气瓶。少量气体可用多用滴管收集和储存。

⑥分液装置。分离两种互不相溶的液体或将固液分离。

塑料仪器由于不能加热、塑料本身能与某些化学试剂起作用,其使用范围受到一定影响。小型的玻璃仪器以及专门设计的玻璃微型仪器可以有效地解决上述问题,这些仪器设计巧妙、做工精致,一个部件常常可以发挥多种功能。除此之外,各种自制的微型仪器和实验的微型化设计也越来越丰富。玻璃反应器、微型试管以及利用安瓿瓶、注射器改制成的微型装置构思新颖、小巧玲珑,日益受到教师的欢迎。

参考文献

[1]谢蕾,杜华,郑晖.优化初中化学实验教学的行为研究[M].哈尔滨:哈尔滨工程大学出版社,2018.

[2]沈戤,王胜,夏加亮.初中化学微型实验[M].北京:化学工业出版社,2017.

[3]许九奎.初中化学实验探究活动指导[M].上海:上海教育出版社,2017.

[4]钮泽富.初中化学实验[M].上海:上海科技教育出版社,2016.

[5]耿虎.初中化学实验解读[M].太原:山西科学技术出版社,2015.

[6]刘四方.新课程初中化学实验全解[M].武汉:湖北教育出版社,2014.

[7]章伟光.初中化学教科书经典教学实验介评[M].广州:广东科学技术出版社,2014.

[8]黄燕宁,赵瑞玲,冯英慧.中学化学教师学科专业素养与课堂教学实践[M].北京:首都师范大学出版社,2013.

[9]程同森.快乐化学:实验中的化学启蒙[M].济南:山东教育出版社,2013.

[10]蓝涧.初中化学:实验与探究[M].武汉:湖北教育出版社,2014.

[11]赵东旺,王雅苹,陈秀丽.中学化学实验研究[M].成都:西南交通大学出版社,2010.

[12]单玲.初中化学实验教学改革与创新研究[J].学周刊,2016(28):182-183.

[13]王金平.新课程标准理念下初中化学实验教学的探索与实施[J].中国校外教育,2019(32):53-54.

[14]杜华,贺辉.初中化学实验教学资源的开发整合[J].华夏教师,2018(23):78-79.

[15]宋士光.初中化学课堂中创新实验教学模式探究[J].中国校外教育,2019(11):126-127.

[16]董萍.初中化学疑难实验的改进与创新[J].教育现代化,2018,5(38):382-383.

[17]武荣清.谈初中化学实验教学中存在的问题与相应对策[J].课程教育研究,2019(3):172-173.

[18]殷静.基于新课程标准理念下初中化学实验教学的探索[J].中国校外教育,2018(20):122-123.

[19]白珊.实验教学对初中化学教育的重要性[J].学周刊,2019(14):84.

[20]耿虎.初中化学实验教学现状及思考[J].教育理论与实践,2014,34(29):50-52.

[21]王国峥.初中化学实验教学的问题与对策[J].化学教育,2015,36(11):66-69.

[22]王伟.初中化学实验教学改革及创新策略分析[J].文化创新比较研究,2018,2(5):150+152.

[23]侯洪芬.初中化学实验教学改革与创新论述[J].课程教育研究,2016(35):150-151.

[24]任美亚.初中化学教学中趣味化学实验的应用探析[J].黑龙江教育(理论与实践),2016(11):85-86.

[25]黄正全.初中化学实验教学问题及解决方法探究[J].名师在线,2019(33):40-41.

[26]舒建忠.初中化学实验教学实践与思考[J].中学化学教学参考,2019(2):45-46.

[27]张瑞东.谈初中化学实验教学的创新开展[J].学周刊,2019(2):91-92.

[28]史秀琴.初中化学实验教学策略研究[J].中国校外教育,2019(26):79-80.

[29]孙娟燕.初中化学实验教学凸显的问题及应对策略——以"制取氧气"实验为例[J].福建基础教育研究,2017(8):130-131.

[30]庄晓松.探索以生为本的初中化学课堂教学评价[J].化学教与学,2016(11):41-44.

[31]崔艳菊.初中化学探究性实验的设计与教学方法研究[J].中国校外教育,2019(35):67-68.

[32]任美亚.初中化学教学中趣味化学实验的应用探析[J].黑龙江教育(理论与实践),2016(11):85-86.

[33]王仕卫.微型实验在初中化学教学中的应用探析[J].文化创新比较研究,2020,4(5):136-137.

[34]袁坡.初中化学自制微型实验仪器及其实验研究[J].中国教育技术装备,2017(21):134-135.

[35]孙庆红,张晓丽.自制微型实验仪器在初中化学实验教学中的应用[J].中国教育技术装备,2018(11):127-128.